なぜ政治はわかりにくいのか
社会と民主主義をとらえなおす

Ryosuke Nishida
西田亮介

春秋社

序　なぜ政治はわかりにくいのか

政治は難しい。わかりにくい。それゆえ自分の生活と関係がない……。そう思ったことがある人は少なくないでしょう。われわれの社会では政治と民主主義はとても縁遠いものと受け取られがちです。

投票率を見てみると、一九九〇年代以降、顕著に下がっています。とりわけ若い世代は政治に無関心だといわれます。

一方で、強い問題意識を持っている若者もいます。SEALDs（二〇一六年解散）のようにSNSでメッセージを発信したり、デモに参加したりしている人たちです。両者の姿は対照的で、いろいろな解釈がされています。

しかし政治に熱心な若い人たちはSNSなどで人々の関心を高めようと工夫を凝らして情報発信しているからこそ、その活動が人の目にふれやすいのかもしれません。彼らを見て、今の若い世代がみなそうだと思うのは早計です。真剣に政治や社会を考えている若者、現役世代は、いつの時代にもいるからです。

本書を書くにあたって少し調べてみたのですが、意外に「政治が難しい」「政治がわかりにくい」、さらにいえば「あまり政治に興味はない」ということを前提にした書籍が少ないことに気が付きました。政治のしくみをわかりやすく説明した書籍はたくさんありますが、「なぜ政治がわかりにくいのか」「なぜ政治に興味がわかないのか」というそれよりひとつ前の、しかし素朴な疑問に寄り添い、掘り下げた手頃な書籍が見当たらないのです。本書の出発点はそこにあります。もちろん本書も少しは政治に興味を持った人しか手に取らないでしょうから、なかなか難しいところではあるのですが、筆者の認識ではこの問いにはある種の政治に関する知的な面白さや、われわれの社会における政治の課題が凝縮されています。しかし、かくいう本書はわかりやすいかと問われれば、そうともいえない気がします。それでも、わかりやすいだけの本にはない視点を提供しようと試みました。本書を読み終える頃には読者の皆さんと認識を共有できたらと思っています。

政治に起因する問題、それ以外に起因する問題

政治がわかりにくいという問題は、大別すると二つの側面に分けられます。一つは、政治（システム）そのものに起因する問題です。もう一つは、政治の外部に起因する問題です。本書は、この両方に直近三〇年で大きな変化があったことを概観し、そこに「政治のわかりにくさ」の原因を見出します。政治が変化したとしてもそれ以外の要素、たとえば抽象的な言い方ですが、社会やメディアの変化が乏しければ、変化を認識しやすかったはずです。

しかし政治も変化し、政治を眼差しているはずの社会やメディアも変化していたら、どうでしょうか。両方が変化しているだけに、変容を適切に把握しにくいのではないでしょうか。

筆者は情報と政治、ネット選挙、政党の情報発信、情報技術と民主主義、ジャーナリズムなど一見政治学者が扱うようなテーマを研究していますが、政治学者ではなく社会学者です。したがって、政治と社会の両者をつなげて論じることができるのではないかと考え

ます。「政治システムの変化」と「政治を扱う概念の変化」「政治が社会でどのように認知されているか、機能しているか」を同時に扱うことで、「政治のわかりにくさ」の本質をわかりやすく説明できないか……ちょっと無謀かもしれませんが、本書の狙いはそこにあります。

まず政治そのものに起因する問題を見てみましょう。二〇一七年一〇月に行われた第四八回衆議院総選挙は、政治の常識が裏切られるような選挙でした。メディアの政治部の記者や政治家や、長く政治を見てきた専門家ですら、これまでの選挙で見たことがないようなことが次々に起こっているために状況を判断できない事態が生じました。

野党の党首選が終わった直後に、新代表が他党と合流することを宣言してみたり、それに反発して新しい党が突然できたりしました。さらには寛容な改革保守を掲げた政治家が「排除」を公言してみたりと、政治家の発言と行動に大きな乖離も生まれました。先が読めないことだらけです。先の都知事選もそうでしたが候補者の中に政治の実績がない人も含まれ、どれくらいのパフォーマンスを発揮するのか、本当に主張したとおりに実行するのかが未知数で、評価することも、選択することも困難です。実態がわからないまま、情報が錯綜し、増幅していきます。従来の政治の常識が大きく揺らいでいます。まさに政治システムが大きく揺らいでいるのです。

では、後者はどうでしょうか。ここでいう「政治以外」というのは、人々の認識、メディアの伝え方、そして教育をさしています。政治の知識を生まれながらに持っている人はいません。誰もが政治の知識や情報や考え方を学習によって獲得しています。その受容のプロセスは「政治的社会化（Political Socialization）」と呼ばれます。社会学には、社会的に振る舞うために必要な規範や慣習を後天的に獲得していく過程を論じる「社会化」という概念があり、この概念が政治学で応用されたものですが、その政治的社会化において特に重要なものとして、メディア、教育、家庭の影響がしばしば指摘されます。

われわれの社会は、今、目の前で起きている現実政治を把握し、また批判的に扱うための知識と道具立てを人々に適切に提供できていないのではないか／社会（主にメディアと教育）の変化のなかで提供できなくなっていったのではないか、というのが本書の見立てです。

メディアとその力学は、近年大きく変化しています。すでにお気づきの人もいると思いますが、インターネットの影響が大きいと考えています。また日本のマスメディアは、公式、非公式に、与党の立場にも、野党の立場にも立たないという政治的公平性を重視してきました。「公式、非公式に」というのは、放送法のように法律で定められたものもあれば、日本新聞協会の新聞倫理綱領のように法律ではないものの、ある種の社会に対する宣言のようなものも含めて、という意味です。

このような考え方を原則としながらも、実際には特定の立場に寄った論評・評論が行われている現実があります。少し年長の読者なら、どの媒体が政府与党と近いのか、それとも野党にシンパシーを表明しているのか、ということについての相場観を持っているでしょう。このギャップはよく考えてみれば、不思議でもあります。なぜ（マス）メディアは特定の立場を明言して、政治を論評したり、是非を論じたりしないのでしょうか。

もう一つ教育に関してはどうでしょう。日本の教育もまた、政治と距離を保って中立的な立ち位置をとってきました。そして、そこには日本的な「政治とのつき合い方」というものが存在しました。たとえば社会科教育では、現実政治を原則、取り扱いません。もちろん中学校、高校、場合によっては大学の授業のなかで、政治を学ぶ機会はたくさんありました。しかしそこで扱うのは、日本国憲法とは何か、三権分立とは何か、議員の定数は……といったことが中心です。この間、投票年齢が満二〇歳以上から満一八歳以上に引き下げられ、高校三年生の一部が有権者に含まれるようになるという実は大きな変化が起きました。ところがNPOや一部の先駆的な学校のグッドプラクティスはあるものの、正科として、投票年齢引き下げに対応した科目は用意されないまま現在に至ります。不思議議ですね。投票年齢の引き下げはすんなり行われるのに、それに備えるための教育は行われないままで、次々に若い有権者が生まれているのです。

ところが、政治のしくみや原理原則を知るだけでは、現実の政治や政局を理解することは困難です。現実の政治では原理原則から大きく離れたいろいろなことが起きるからです。政治教育で得た知識と道具立てだけでは判断できないこと、教わった政治の原則と乖離するような出来事がたくさん起きています。

このように考えてみると、中立性は必ずしもよいことばかりではないのかもしれません。少なくとも「なぜ、われわれの社会の政治教育や報道が現在のようなあり方で行われているのか。時代は変わっているが、そのままでよいのか」という問いがあるべきではないでしょうか。われわれの社会は、政治に対して批判的な立場に立つための知識と道具立てをきちんと供給してこなかったのではないかという問いは、もう少し真剣に問われてみるべきだと考えています。

みなさんも薄々感じているように、昭和・平成の長きにわたって蓄積されてきた習慣が、いよいよもって機能しなくなってきた時代が眼前に広がっています。政治も例外ではありません。政治が目まぐるしく動く現代にあって、政治に関する情報量が格段に増えています。選挙となると、安全保障から経済政策まで、専門家、一般人問わず、ネット上でさまざまな論評が交わされます。信頼性において疑問が残る内容もふくめ、情報が錯綜しています。こうした複雑な事態を理解するための補助線を引きたいというのが本書の狙いなのです。

政治と民主主義についての共通の地平は存在するか

われわれの社会は、政治や民主主義を語るときに共通の前提を持っているでしょうか？誰かが語っている「政治」や「民主主義」と、あなたが語る「政治」や「民主主義」は、本当に同じ地平のものでしょうか？　筆者がいう「保守」と、あなたがいう「保守」は同じでしょうか。同様に、筆者がいう「リベラル」と、あなたのいう「リベラル」は？　その自明性は今や、ほとんど消え去っているように見えます。いや、そもそも以前から了解が本当に存在したのでしょうか。むろん研究の世界ではありませんから、何か話すたびにいちいち「その用語の定義は……」などとやるわけにはいきません。それでも、ある種の共通認識が成立しないと議論も噛み合わないでしょう。テレビやネットの政治の討論番組を見ていると、論者によって、それぞれ念頭に置いた地平が異なり、ちぐはぐ感が拭えない議論は少なくありません。最近では、そもそも討論や「激論」それ自体が好まれないような印象も持ちますが……。

今、起きている社会の出来事にきちんと向きあい、少なからずわれわれに影響を与える政治を変えるというなら、そのためにまずやるべきことがあります。それは政治的な理念や理論と、現実それぞれに目を向けるというのもさることながら、両者のあいだに横たわる中間領域に目を向けることではないでしょうか。

政治を理解せず、そこに背を向けているのが、この社会の一つの特徴だとすれば、メディア・教育、そしてそれらを包括する社会という、非政治的な側面の影響が反映された結果でもあるわけです。本書は、その所在を具体的に探り、振り返っていくことで、「なぜ政治はわかりにくいのか」という主題に迫ります。

ところで、本書では政治的社会化に影響する要素として挙げたはずの家庭については、ほとんど取り上げません。

講演などで「政治の情報をどこで手に入れ、議論しますか」ということを聞きますが、「家庭」を挙げる人は多くないどころか、ほとんど見当たらないからです。

例外だったのは、創価学会の青年部のイベントで講演したときのことです。いつもどおり「日本の家庭ではあまり選挙や政治の話をしませんね」とさらっと進めようとしたところ、どうも会場がごそごそと居心地の悪い雰囲気になっているのです。よく聞いてみたところ、創価学会員のご家庭では選挙や政治の話を頻繁にするらしいのです。選挙の時期には政策ＤＶＤが配布されるというのは有名な話ですが、それをもとに家族で議論したりするそうです。

とはいえ、日本では食卓を囲んで親子がどこの政党に入れるべきか、政策をどう見るかといったことを侃々諤々《かんかんがくがく》と議論するという光景はあまり一般的だとは思えませんし、きちんと状況を検討することは難しそうです。本書では政治知識を形成する土壌としては教育とメディアのほうが大きいという認識のもと、政治自身の変化に加えて、これら二つをとりあげ、その変化について論じます。

この本は、われわれの置かれている社会と政治の現状をなるべくわかりやすく知ってもらいたくて作った一冊です。何かを変えたり、オルタナティブを提案するには、当然ですが問題を適切に理解する必要があります。別の本（『不寛容の本質』経済界新書）で論じましたが、どうもわれわれの社会は平成の時代も終わろうとしているにもかかわらず、精神論や根性論に流れがちで、問題と適切に向き合おうとしているようには思えません。政治はもっとも強くそのことを感じる対象でもあります。本書が混迷する政治とそれをとりまく環境に関する皆さんの理解の増進に貢献し、できるならばそれらを適切に変えていくための一助となれば、幸いです。

なぜ政治はわかりにくいのか　目次

なぜ政治はわかりにくいのか——社会と民主主義をとらえなおす

第1章

なぜ政治と民主主義を語れないのか

1　揺らぐ民主主義

「そもそも政治は自分たちの生活とは関係がないので、いちいち教育のなかで扱わないでほしい」だとか「受験と関係がない」と思う人もいることでしょう。素朴な認識で、必ずしも嫌いではありません。大学生や若い人にもよく見かけます。

ただし一つ知っておいてほしいのは、「政治は自分たちの生活とは関係がない」というのは端的な間違いだということです。言い方を変えると、「日本の社会において、人々の認識の如何にかかわらず、政治はわれわれの生活やビジネスと密接に関係している」ということです。

どういうことでしょうか。

日本では一般に、さまざまなビジネスのあり方は、「業法」と呼ばれる法律によって規定されています。たとえば、あなたが満員電車にうんざりしているとしましょう（筆者はうんざりしています）。運賃やダイヤ（運行計画）を変更するときは、鉄道会社は国交省に届け出なければなりません。運行計画の変更が満員電車改善の肝でしょう。よかれ悪しかれ、今のところこういったルールで鉄道事業は営まれていますので、われわれは政治、行政の影響を受けているといえます。それは政治や行政の好き嫌いや、また政治に対する認識の如何にかかわらず、ですね。

「そもそものルール自体がおかしい」と思う場合には、鉄道事業法の変更が必要です。鉄道事業法を変更する際は一般的には鉄道事業法を改正することになりますが、そのためには立法が必要です。政治家が動く必要があります。

日本国憲法第四一条は端的に次のように述べています。

第四一条　国会は、国権の最高機関であって、国の唯一の立法機関である。

法律を作ったり、変えたりできるのは、国会と、国会を構成する国会議員たちだけなのです。

ということは鉄道事業法の改正ができるのは国会だけですから、国会で鉄道事業法の改正を主張する議員をたくさん当選させるか、現職の政治家と政党にその問題の重要性を理解してもらう必要があります。そうでなければ法改正は実現には至らないでしょう。

もう一つ例を挙げてみましょう。

一〇代、二〇代の人たちの政治意識は相対的に他の世代よりも低いとされていますが、現実には大学生もまた政治の影響を受けています。たとえば国立大学の場合、現在、授業料は約五四万円です。これを決めているのは、文科省の省令（「国立大学等の授業料その他の費用に関する省令」）です。「特別な場合」においては一・三倍まで値上げしてよいことになっていますが、実際には二部（夜間主体）のコースや公立大学などで一部そのようなケースがあるのみで、ほとんどの国公立大学がこの規定通りの授業料で経営しています。国立大学には奨学金のほかに必ず授業料等の減免制度（全額・半額）が用意されています。これらも省令で定められているのです。文科省が世界最先端の科学技術立国を標榜しながら、国立大学の運営費交付金という主たる財源を一〇年以上にわたって年間約一％程度ずつ削減しているため、日本の国立大学の経営環境は相当に厳しくなっていますが、それぞれの国立大学は授業料の値上げは自らできません（むろんそうすべきだとも思いません）。

二つの例を挙げましたが、社会における機能不全のなかに、政治でしか解決できない問題が存在します。具体的に言えば、法律によって変えるしかない対象が存在するということなのです。このことは忘れるべきではないでしょう。そして、法律は、各政党と行政の駆け引きと交渉のなかで形成されます。そして日本ではそのような分野は少なくありません。ビジネスにおける契約も民法という法律によってなりたっていますし、公権力の大きさはかねてから指摘されるとおりです。

つまり「政治は自分たちの生活とは関係がない」というのはあくまで認識の問題であって、実際には端的な間違いだということがわかります。もちろんどのように認識するかは個人の自由ですし、「政治は自分たちの生活とは関係がない」と考えていても安心して生活できる社会というのはある意味幸せな社会だとは思うのですが。

最近では「選挙以外にも政治はたくさんありますよね。まちづくりや、ボランティアだって政治。選挙もいいけど、そういう身近なことをやりましょうよ」という二〇代、三〇代のオピニオンリーダーの声もよく聞きます。もちろん広義の意味においては、それも政治です。当然ボランティアも大事ですし、「まちをよくする」という抽象的な目標であれば選挙以外のアプローチがあることは疑いえません。

ですが、すでに幾つかの例を挙げたとおり、政治や行政でしか変えられない課題や制約も存在します。法律、条例などがその代表的なものでしょう。確かに選挙以外の政治参加の方法も存在しますが、選挙という「本丸」もなんとかすべきです。

性善説に立って「政治家も（会ってみたら）意外と信頼できる。もっと信頼すべき」という声もよく聞きますが、果たして本当にそうでしょうか。政治家はいつの時代も人々に支持されて初めて成立する職業です。

選挙に当選するためには、一般に国会議員で数万票から数十万票の得票が必要です（選挙の種類や場所によって異なります）。それだけの人に好かれたい、好かれるための努力をしていると考えるのが自然です。

もしわれわれが絶対に選挙を通して現職議員、政党のチェックをしないとしたら、自分たちがよいと思う新人候補者をいつも選ばないとしたら、政治家たち自身の主張と行動をほとんどチェックしないとしたら、政治のしくみは健全に機能するでしょうか。もしこのような環境なら、好きにし放題ですよね。

もちろん現実政治の選択は極めて困難です。相反する主張を同時に掲げる候補者や政党がいたり、過去の業績を見てみると、とても実現できそうにない政策を平気で主張する人たちがいるからです。

そしてわれわれの生活の忙しさもあります。現代のわれわれの生活を考えてみたときに、生活よりも政治を優先せよと軽々しく口にできるとも思えません。選べないことも、誰を選べばよいのかわからないこともあるでしょう。筆者はそのような現実生活のなかで「必ず投票に行くべきだ」と声高に主張するつもりはありません。学説上、権利公務二元説などもありますが、今のところ日本の社会では投票は権利としての側面が色濃く運用されています。道義的に権利をきちんと磨くべきとはいえますが、直ちに毎回必ず投票せよということではないでしょう（世界のなかには投票を義務化し、罰金刑などを設けている国もあります。こちらは義務としての性格が強い国々といえるかもしれません）。

現実社会における政治はいつもフルタイムの政治参加と、まったく政治に関心を持たないという両極のあいだの妥協の産物にならざるをえないことが、宿命付けられているわけです。

フルタイムの政治参加は現実的ではありませんが、われわれの社会における政治観や民主主義観は、政治や民主主義を意識しなくても済んだ時代、あるいは経済成長の連続が期待でき、経済の力でそれなりにうまくいった時代の産物です。明日が今日の延長線上にあるようなリニアな社会が約束された、生活者にとってそれなりに幸せな時期がかつてありました。けれども、われわれはもうそのような時代を生きてはいません。日本はいろいろな意味でピークアウトしたのです。素朴な伝統踏襲も、極端な変革もリスクです。

そうはいっても「政治はわかりにくい」「昔と変わった」「最近は『政治の』常識が通用しない」と感じている人は少なくないと思います。これらは総じて、「政治のわかりにくさ」といえるはずです。

本書の序で政治観を習得する過程についての「政治的社会化」という概念を紹介しました。われわれが「政治」や「民主主義」として認識している対象には、それを支えるパターンとメカニズム、また論じる人々のあいだの一定の共通感覚、共通了解、共通の知識が存在するはずです。

もしあなたが民主主義の意味するところを誰かと共有することができていないと感じているとするなら、社会のなかに（政治的社会化の過程で）そのような機能が提供されていないからだと暫定的に考えることができるはずです。

日本における民主主義観とその前提条件をふりかえる意味

民主主義の自明性、固有性に対する共通理解が失われていると、どのような問題が起きるのか。たとえば歴史について誰かと話をする際、それぞれが自分の見たい歴史、場合によってはそのごく一部分のみを参照してしまい、議論がかみ合わない事態が生じます。

本書では現実政治と現実政治を捉えるための道具立て、さらに政治を眼差す社会の変容をひたすら取り上げていきますが、もしかすると「いや、そんなことはない。自分は、日本社会は、しっかり日本における民主主義についてのイメージを共有している」という人もいるでしょう。しかしそれは広く共有されているものでしょうか。

たとえばそれが戦後民主主義的な価値観だとして、ではなぜ、最近では「日本国憲法は人権を擁護しすぎている」などという弁護士資格を持つ政治家がひとりならず複数登場し、当選を重ねているのでしょうか。排外主義を標榜する候補者が東京都知事選挙に立候補すれば一〇万票単位の票を獲得しているのでしょうか。

もし日本における民主主義のイメージが戦後民主主義的な価値観ではなく、国家主義的価値観なのだとしたら、どのような正統性をもって（たとえば江戸時代でもなく、縄文時代でもなく！）その時代をわれわれの社会の規範の参照先とするのでしょうか。その恣意性について共通了解があるとはちょっと思えません。

　現代日本社会は、歴史の見方を共有していたかつてのような宗教的バックグラウンドや地域のつながりが希薄で、なおかつ経験的に継続されている共同体が貧しいため、歴史を参照することが困難になっています。近視眼的に歴史をとらえる危険を回避するためにも、われわれの社会における民主主義観やそれをささえる環境条件を捉え直すことの意味があるはずです。

　言い方を変えると、多くの国やＥＵのような超国家主体では、（政治）教育や政治的イベント（儀式）、政治的シンボルをとおして、たびたび立ち戻ることができる「参照点」と、政治を考えるための知識と思考の道具立てを供給しています。その参照点や道具立ての宛先や内容は注意深く選ばれていますが、人為的かつ政策的なものです。

　興味深いのは、人為的な超国家機構ともいえるＥＵの取り組みです。ＥＵは「ＥＵ市民（EU Citizen）」の育成に注力しています（たとえば、久野弘幸、二〇〇五、「ヨーロッパ機関〈ＥＵ・ＣＥ〉におけるヨーロッパ市民教育」『社会科教育研究』〈95〉所収、を参考）。ＥＵ憲章に象徴される新しく現代的な価値観と権利を実装するにあたって、教育を通してさまざまな知識や考え方を提供しているというわけです。

EU市民の考え方はなかなか興味深く、加盟国固有の市民権に、EU市民権という概念を連続させています。複数の市民権とアイデンティティを認めているともいえますが、「ある国に生まれたからある国の市民権を有する」という伝統的なあり方ほどには直感的ではありません。そこで教育を通して、これらの概念をしっかり浸透させ定着させていく必要があるというわけです。EUが市民性教育《シチズンシップ・エデュケーション》に熱心な理由でもあります。

翻って、日本にはそれらに相当するものがなかなか見当たりません。どのように、なぜ見当たらないのか。本書では社会と政治、それぞれの側面から、いかにしてそれらが供給され、どのような課題があるのかを考え、「政治のわかりにくさ」に迫ります。

世界における固有の民主主義観

近現代の日本は明確な市民革命の転機を持たずに現在に至ります。明治維新はどうだったかといえば、統治制度こそ大きく変わったものの、まさに統治階層の問題で、生活者の手によるものではありませんでした。戦後日本的なものへの転換も太平洋戦争の敗戦と戦後占領に起因するもので、またしても革命によるものとはいえません。やはり生活者はおきざりでした。むろん明治大正期に戦後日本に連なる民主主義や自由主義の萌芽や蓄積はそれなりに人々の認識のなかに埋め込まれていましたし、制度においても部分的にはそう受け止めることができますが、少なくともいずれも変革のトリガーは自発的なものとはいえませんでした。したがって社会の転換を経験的な記憶として、また肯定的に、人々が参照することは困難だといえるでしょう。

イメージしにくいかもしれません。他国の例を簡単に概観しながら、相対的に考えてみましょう。実は具体化された民主主義の姿は多様で、また固有性や独自性があり、それらは多くの場合、固有の歴史的経験や建国の歴史と紐付いています。「民主主義国」と呼ばれる国々が多様な統治形態を採用していることからも、それらの存在を想起することができるはずです。アメリカのように二元代表的な大統領制を選択する国もあれば、イギリスや日本のように議会内閣制を採用する国も、ともに「民主主義国」として認識されています。また大統領制と一つとってみても、アメリカは任期四年ですが、韓国は任期五年。形態は多様です。

幾つかの国を例にして、もう少し掘り下げてみましょう。アメリカにおいては「固有の民主主義観」というときに何をさすのでしょう。アメリカの場合、建国の歴史と民主主義は切っても切り離せない関係にあるといっても過言ではありません。近代アメリカの歴史は、イギリスから辿り着いたピルグリム・ファーザーズがプリマス・ロックを踏んだときから始まるといってもよいでしょう（むろんそれ以前から、ネイティブ・アメリカンの歴史はあるわけですが……）。巡礼始祖たちは土地を切り開き、耕しながら、さまざまな苦難のなか西へと向かっていきました。その過程でそれぞれの州政府が各地に形成されていきます。先住民からすると侵略された歴史ともいえますが、まさに神話的に語り継がれているからこそ、アメリカのある種の正史としての歴史認識はここに立ち戻ることができるといってもよいわけです。

やがて、独立戦争が起こります。そして、さらに合衆国憲法についての基本的な考え方が新しい理念として誕生しました。初期の合衆国憲法には現在からみれば不備もありましたが、「憲法の地」の人々は時間をかけて議論と説得を繰り広げながら、権利章典を確立させ、ある種のアメリカ型の民主主義観が形作られていきます。

むろん建国の歴史や合衆国憲法を一言一句、正確に記憶している人は、アメリカ人といえどもそれほど多くはないでしょう。しかし、成り立ちにまつわる語りというものが、連綿と継承されています。合衆国憲法は習慣や行動規範と密接に関係しており、それがアメリカにおける民主主義の固有性であり独自性であるといえるはずです。アメリカでは大統領就任式では新大統領が聖書に手を置き宣誓しますが、これは宗教的儀式ではなく、この聖書が、法的に定められた手続きを通して、アメリカ建国の歴史や固有性が想起される参照点としての機能を果たしているといえます。

たとえば、アメリカにおける銃規制をめぐる議論にもそのような固有性があらわれています。昨今、アメリカでは銃の乱射事件が相次いでいます。日本的な共通認識に照らせば、早く銃規制をして再発防止につとめるのが妥当ではないかと思ってしまいがちですが、アメリカの歴史や建国のプロセスを鑑みると、銃規制がそれほど簡単ではないという事実がうかびあがります。アメリカの場合、連邦政府よりも先に州政府が存在していました。それゆえ連邦政府が、パターナリスティック（父権的）にさまざまな分野に浸透してくることに対して、人々はかなり根強い懐疑心を持っています。ですから、いざ連邦政府が生活や社会に食い込んでくるなら、自分たちは武器を取って抵抗できるようにしておくべきだという考え方（抵抗権、武装権）が支持されています。銃規制について、これまでも何度も議論はされてきました。殺傷能力の高い銃器については前進するものの、銃の入手自体に関する規制はなかなか進みません。もちろん大きな利益団体としての全米ライフル協会の要請、影響も根強くありますが、よかれあしかれ、アメリカの民主主義の固有性や独自性と結びついていることがわかります。

イギリスにも独自の民主主義観が存在します。大英帝国として覇権を広げたイギリスは、今でもかつての宗主国と関係を続けています。その長い時間の中で憲法観、歴史観、民主主義観が磨かれ、各国に伝播した、現代民主主義の一つの起源ともいえるものになりました。

イギリスは、一二一五年、マグナカルタを通じて国王の権限を制限することで、立憲主義を生み出した国です（マグナカルタは二〇〇九年にユネスコの世界記憶遺産に登録されました）。まさに現在まで続く国家の根底と民主主義（立憲主義）が密接に関係しています。イギリスにおける憲法も同様です。イギリス憲法は成典を持たない不文憲法のかたちをとっています。イギリスは、たとえばわれわれの社会で常識だと思われている、文章で書かれた憲法を持っていないにもかかわらず（だからこそ！）、民主主義のルーツの一つと目されています。長い歴史によって磨かれてきた、ある種の暗黙知や慣習、規範に対する信頼が根強くあると考えられています。法学の分野では「英米法」などと呼ばれ共通点が強調されますが、形式だけを見ればアメリカとイギリスはかなり異なり、それぞれの固有性を持っていることがわかります。

イギリスの場合も、時代時代の制度のあり方それ自体は、大きな変化を遂げてきました。格差問題を例にあげましょう。第二次世界大戦後、「ゆりかごから墓場まで」国家がケアするという福祉国家の路線を採用したこともあれば、石油ショックなどを経て、マーガレット・サッチャーのもとで強い緊縮政策を執ったこともあります。そののち、九〇年代後半にはトニー・ブレアのもとで「第三の道」と呼ばれた新しい社会民主主義路線に転換しました。最近では保守党政権が続き、二〇一六年の国民投票を経て、ＥＵからの離脱が問われ「ＢＲＥＸＩＴ」が既定路線となりました。このように民主主義の理想と政治の現実には、この国においても大きなギャップがあり、現実政治のあり方は大きく変化しています。しかし、その状況においてさえ、イギリスには根強く、また力強く憲法観、民主主義観が存在しています。

もう一つフランスについても、簡単に見ておきましょう。フランスと民主主義といえば、すぐさま思い出されるのは一八世紀のフランス革命です。フランス革命は絶対君主制を倒した市民革命で、当時のスローガンにあたり、そして日本でもよく知られた「自由、平等、博愛」は、現在でも国旗をはじめフランスの随所で引き継がれているといってよいはずです。

またフランス革命といえば、その後の顛末も興味深いものがあります。ナポレオンが軍事独裁政権を樹立するなど国内の混乱が続きました。それゆえ革命の歴史を大切にしながらも、急進主義に対する教訓も築かれたのです。後述しますが、現代における保守主義の起源も見いだすことができるはずです。

ところで、フランス的な民主主義にはかなり攻撃的な側面があります。たとえば、一九五〇年代から六〇年代にかけてのアルジェリア戦争や、あるいは二〇一五年のパリ同時多発テロ後のイスラム国に対する空爆など、フランスはときに積極的に攻撃的な行動をとっています。このように、「民主主義国」といってみたところで、日本で暮らすわれわれの素朴な民主主義や政治観とは、必ずしも合致しない、各国の固有性が存在するというわけです。

さて、このように幾つかの国の歴史の片鱗を紐解いてみただけでも、民主主義のあり方が一つではないということがおわかりいただけると思います。そして同時に、日本の社会に、「これが日本型の民主主義だ」というもの、さらにそれらの共通了解とそれらを供給するための十分な社会的装置（政治教育、主権者教育、政治の理解を促すためのコンテンツ等）をわれわれが持ちあわせていないのではないかという疑問が改めて立ち上がってくることでしょう。

2 昭和と平成の隘路

もう一つ念頭においておくべき重要な前提があります。それが今の時代状況です。つまり、政治が立脚する社会とその変容です。生活者の認識の前提となっている社会が変化しているのだとすれば、政治という対象を見ているとしてもその捉え方は自ずと変わっていってしまうことでしょう。政治という対象が変化していないとしても見方は変わりますし、本書の見立てのように、政治それ自体も大きく変化しているのだとすればなおさらです。そのことを考えてみることにしましょう。

適切なインフレと今日の延長線上の明日が期待できる社会、たとえば戦後の昭和の社会であれば、政治について関心を持つ人が乏しかったとしても大きな問題はなかったかもしれません。実際には当時のほうが政治参加も、直接的な異議申し立て活動も活発だったわけですが、経済成長とパイの拡大が多くの人の利益増進に合致し、また将来の成功のために、今を耐えて頑張るというモチベーションは単に美徳であるのみならず、合理的でもありました。

しかし、今は違います。経済や政治や社会の実態に目を向けるとこれまでの常識が覆されるような諸問題が生じてきています。長く続くデフレは「明るい将来」を見越した生活のための投資をも困難にしています。適切なインフレ下では適切な借金と投資はそれなりに合理的ですが、賃金の額面の伸びが期待できない、あるいは低下が見込まれる状況では借金やローンは大きなリスクになるからです。「現在の辛い環境を耐えて、将来のリターンを取る」ことが期待できない、つまり今我慢しても、とくに将来よいリターンを期待できないのであれば、我慢する合理的理由は見当たりません。現在の環境を改善することに注力することが望ましいわけですが、われわれの国では「辛い環境を耐える」ことがある種の美徳とも結びついているため、何か声を挙げるとハレーションが起きがちです。

人口構造や選挙に直接大きな影響を与えるのは投票数ですが、人口のボリュームゾーンは年長世代に偏り、投票率も同様です。現役世代と年長世代で、年金、社会保障費を中心に大きな利害対立が存在するなかで、現役世代が政治への関心を失っても大丈夫でしょうか。現に、政治家たちは与野党問わず強い政治的影響力を持つ年長世代が損をするような政策に対して強い拒否反応を示してきました。デフレ下での年金抑制を行うマクロ経済スライドの実施遅れなどはまさにその象徴でしょう。政治家も人間ですから、自分の生活が重要なわけですね。「正しいこと」を主張しても自分が落選するようでは困りますから、あまりそういうことは主張したくないというのが正直なところなのでしょう。理解はできるのではないでしょうか。

つまるところ、政治家たちが現役世代の利益に叶う政策を主張するためには（それらも決して一枚岩ではありませんが）、現役世代の政治に対する関心と、投票が必要だということです。近年、急ピッチで進められている子育てや働き方の改善についてもそのように捉えることができます。これらの課題の指摘自体は、かなり昔からされていましたが、重要政策主題となってきたのは、二〇一〇年代後半に入ってからのことです。比較的人口ボリュームが大きな段階ジュニア世代の出産適齢期に間に合わなかったため、短期での人口増は見込めず、どうやっても手遅れの感は否めないのですが、それでも将来世代のことを思えば取り組むべき主題であることは間違いありません。

筆者の認識では「政治がわかりにくい」のは、昭和から平成、そして次の時代に向かうにあたって、政治と社会それぞれが大きく変化していることをその理由として挙げることができると考えています。まずは少し大局的な目線で、昭和、そして平成の「失われた三〇年」の総括をとおして、政治と社会の問題を考えてみましょう。

昭和の共通感覚を醸成した前提条件

昨今、「民主主義を取り戻せ」という言葉をよく耳にするようになりました。けれど、ここで「民主主義」という言葉で思い浮かべるものは、果たしてみな同じでしょうか？　どうもそう思えません。すでにごく簡単にでありますが、いくつかの国々では固有の、そして時代が進んだのちにも立ち戻って参照可能な民主主義観を、社会で共有しているのではないか、そのためのメカニズムを用意しているのではないかということを述べました。どうもわれわれの現代社会にはそれらに相当するようなものが欠落しているように思えるのです。むろんすべての人が一つのイメージを共有することは難しいでしょうし、そうすべきだとも思えません。ともすれば、ときどきの政治が自分たちにとって都合のよいイメージを押し付けかねませんから。

それでも幾つかの参照点というべき何かがあってもいいのではないでしょうか。そしてそれは何かということが議論されてもよいと思うのです。

その相場観は、漠然としていたものの、幾つかの人々をつなぐ前提条件として機能するのだと思います。

戦後の日本社会において、人々のつながりを支えた基盤は経済状況でした。当時は多くの人に経済成長を約束してくれる政策が望ましいというコンセンサスがありました。焦土、つまり焼け野原から国をたてなおそうとするとき、経済第一、復興第一を目指すのは自然なことだといっても過言ではないはずです。生活を支えるのは何よりも経済だからです。

最近、「地方創生」などと何かともてはやされる地方はどうでしょうか。前近代社会においては一般に宗教的なつながりや地域の共同体が、規範や善悪の判断、常識の形成に影響し、人々の共通感覚をやしなう土壌となっていたはずです。しかし、われわれの社会はかなり容赦なくそれらを捨て去ってきました。近代化、経済的成長のためです。近い将来、再び宗教が生活のなかに深く入り込んでくることは考えにくいでしょう。つまり宗教的体験をベースにした広範な共同体形成は実践的には難しいと思います。地域のつながりも同様です。特に都市部ではそういったものはきわめて希薄です。町内会なり自治会なりの加盟率を見ても明らかです。マンションやオートロックの普及も影響しているでしょう。

戦後、社会の流動性を高めて、都市への人口集中をはかりました。労働者は戦後復興や経済成長の担い手でした。「金の卵」などと呼ばれた集団就職でやってきた人々などはその一例ですね。人が集まると、その人たちが生活を営むために必要なインフラが必要ですから、飲食店やサービス業も栄えます。新しい文化や価値観、人のつながりもそこでは形成されますが、伝統的な価値は置き去りにされがちです。

その一方で、地方はその担い手を失うことになります。伝統文化や習慣においても同様です。結果、地域においても都市部においても、社会的な共通感覚の形成が困難になってしまいました。本来は人為的に社会を維持する規範や振る舞いを規定する社会的装置を用意すべきでしたが、それらは十分に考慮されないまま現在に至ります。

共同体によって共通感覚が機能していた社会には、よい面もあったことでしょう。しかし、「われわれの宗教的ベースはアニミズム的なもの、仏教的なものだから、それを再認識すべきだ」とか、「地域のつながりを取り戻そう」といった議論には、もはやほとんど実践的な含意がありません。一度失われたものを懐かしむことはできても、人為的に再生されたものは本当にもとのものと同じだろうか、いや否である、ということを社会学の「再帰性」概念などの知見は指摘しています。宗教も地域のつながりも失われた「更地」から、われわれはどのようにして民主主義や政治についての共通感覚、相場観を形成するか、社会を維持していくのかが問われているというわけです。

もう一つ大学生などの間で共有されていたのは反体制意識でしょう。一九六〇年代、一九七〇年代は学生の政治活動が活発でした（ちなみに、大学進学率は今よりずっと低いものでした）。この頃の政治の構図は、現在よりもずっとわかりやすかったと言えます。冷戦で西側諸国と東側諸国が対立し、自由主義経済・資本主義国 VS 社会主義国・共産主義国家という二項対立ができていたうえに、日本という国が西側陣営に所属していることも明白でした。相互に核兵器を向け合い、相互確証破壊といいますが、どちらかが核兵器を発射すると、ただちに反対の陣営も核ミサイルを発射することで確実に世界が破壊される。そうであるがゆえに、戦争も紛争も回避すべきだというかなりシンプルな論理が安全保障環境を支えてきました。そのもとで、日本は資本主義国の一員ではあるけれど、社会主義国も意外とよいかもしれないと当時の知識人らは考えたりしたわけです。

六〇年安保以後、アメリカの核の傘に入ったことで、誰が自分たちを守ってくれているのかは明白になりました。政治の構図がわかりやすく、明確な仮想敵を設定することが容易だったこともあって、異議申し立てをしたい学生たちどうしが手を取ることは自然なことだったようです。若者の異議申し立てとして知られる学生運動も、大学経営の不正や学費値上げといった身近な問題をきっかけにして生まれました。反体制に対する合意が比較的簡単だった時代に、眼下の資本主義のあり方に異議申し立てをするというわかりやすさが背後にあったわけです。もちろんそれはそれとして真剣味を持った活動だったでしょうから、当時学生だった世代に、「わかりやすい時代だったからできた活動に過ぎない」などと言うと彼らに怒られてしまうかもしれませんが。

現在はどうでしょうか。政治の状況はずっと複雑になり、見通しが立ちにくくなりました。ようやく自民党からの政権交代が起きたものの、自民党にとってかわった当時の民主党や九〇年代の連立政権が残念ながらうまく機能したとはいえず、若い世代が「自民党政権を倒せばいい」という言説に共感し難いとしても、無理のない状況になっています。

もう少し大きく視野を取ってみても同様です。ベルリンの壁が崩れ、冷戦は終結しました。旧植民地や旧ソビエト連邦の国々は独立したものの、冷戦構造が押さえつけていた小規模な紛争は増えています。またイスラム国やアルカイダのような非国家主体が安全保障上のリスクとして厳然と存在感を示すようになってきました。しかし非国家主体の台頭には冷戦下における米ソそれぞれの武器や資金供与なども影響していると指摘されていますし、われわれが日頃便利に活用しているインターネットなどの技術も関係しています。かつてのような「わかりやすさ」が崩壊し、明らかに予見可能性が低下していきます。ここでいう予見可能性とは見通しのよさのことで、個々人の人生と社会を展望しやすいかどうかということだと考えてもらえればよいと思います。

平成は失敗の連続だった

平成という時代についてはどうでしょうか。以下において、平成という時代について考えてみることにしましょう。

平成という時代はもうまもなく終わりを迎えます。平成は成功の時代だったのでしょうか？　それとも失敗の時代だったのでしょうか？　評価はまだ定まっていませんが、現時点では肯定的な声が多いように思えます。このところメディアで展開されている平成の総括特集を見ると、「豊かさが達成された」という評価が比較的多いように思います（この論点については、筆者による朝日新聞二〇一七年一〇月二一日朝刊「〈わたしの紙面批評〉平成という時代『失敗の歴史』多角的に総括を　西田亮介さん」等参照のこと）。

「もう日本は成長しなくてもいい」「これ以上はいらない。今あるものを均衡にすればよい」という縮小社会論も、基本的に平成肯定論の延長にあるといってよいでしょう。「もう十分に達成した＝今はよい時代」という認識から、そのような議論が出発しているからです。

しかし筆者は、端的に平成は失敗の時代だったと思っています。

まず、人口動態の変化ははっきりしています。総務省統計局「日本の統計　２０１７」は、二〇〇〇年代末に頂点が来たことを紹介しています。ピークは二〇〇八年。二〇一五年に公開された総務省の「平成二七年　国勢調査　人口等基本集計結果」（五年毎に実施される調査です）は、人口減少が始まったことを「大正九年の調査開始以来、初めての減少」と記しています。われわれの社会の縮小はすでに避けられない現実となりつつあるのです。

人口維持の鍵を握っていた、ボリュームの大きな団塊ジュニアが子どもをあまり設けないまま四〇代に突入していますが、年齢的に今から三人も四人も子どもをもうけるとは考えにくいでしょう。つまり、人口が急回復することはありえず、中長期的に見ると人口減少は避けられないのです。これはこの世代の問題というより、この世代にむけて適切な政策を用意しなかった政治の責任というべきです。

というのも、一九六〇年代にはもう人口減少の危機がいわれていました。一九八〇年に発表され芥川賞候補になったベストセラー、田中康夫著『なんとなく、クリスタル』にも、人口動態の危機などについての言及がありますし、「全国総合開発計画」などにも同様の記述を見出すことができます。政府や行政はここにきて「子育てしやすい環境」「女性活躍」と声高に主張し始めるようになっていますが、時すでに遅しというべきか、むしろ無策でここまで来てしまったわけです。そのことは想起されるべきでしょう。

日本の大学の地位低下も著しいものがあります。もはやアジアのトップ大学は日本の大学ではありません。シンガポール国立大学の定位置となっています。世界大学ランキングを発表しているイギリスの『タイムズ・ハイアー・エデュケーション』によると、二〇一六年に一〇〇位以内に入っている日本の大学は東京大学と京都大学だけ。それどころか、今アジアのトップ一〇に入っているのも、この二つの大学のみでした。政府は大学の国際競争力の強化を言いながら予算を削減し続けるというアクセルとブレーキを同時に踏むような政策を続けています。

日本の経済のピークがとっくに過ぎていることは、言うまでもないでしょう。バブル崩壊後の九〇年代を指して「失われた一〇年」と呼びますが、最近では「失われた三〇年」という言葉さえ聞かれます。言い換えるとこれは、平成という時代が丸ごと失われたことを意味します。

誰に責任があるのでしょうか。そもそもバブル崩壊も、もう少し緩やかな収束ができたのではないでしょうか。総量規制はもっと早く導入できなかったのでしょうか。先のマクロ経済スライドや、子育て対策も似ています。大学政策の失敗もそうです。だいたい社会問題として世間に認知され、世論とメディアが取り上げるようになってから、対策を考え始め、政策化されたときには手遅れだったという場合が少なくありません。それなりにうまくいっているときはよいとしても、やはり責任の所在を明らかにすべきではないでしょうか。個人の責任はさておくとしても、構造的課題はしっかり検討されるべきです（ということも指摘されて久しいことではありますが）。

年金や介護保険料もどんどん上がっていきます。掛金は上がっていくのに、給付の水準が伸びず、今後も伸びないでしょう。むろん年金や介護保険の重要性は変わりませんが、本来、われわれの生活を底支えするプラットフォームとしての国家が現役世代の足かせとなりつつあります。確かに将来の安心も重要ですが、高額な社会保障費が現在の生活を圧迫することもまた事実です。アメリカのオバマケアをめぐっての中流層の不満も同様だったと聞きます。この点、とくに年長世代には知っておいてほしいところです。

経済格差による分断

格差による社会分断も少し形が変わってきているように思えます。一昔前は「払う税金が少ないのに、さまざまな公共サービスが受けられる。日本はよい国じゃないか」という認識がありました。でもここまで簡潔に確認したように、すでにそれは自明ではありません。日本で生活する利点が乏しくなってくると、とりわけ居住地や学歴選択の幅が広い富裕層やエリートから日本にこだわる合理性が減少します。拙著『不寛容の本質』やオンラインメディアNewsPicksのインタビューなどで「イノベーターと生活者の対立」などと呼んでいる問題です。

前述のように、大学ランキングが下がってくると、日本の大学に進学する魅力も、合理的理由もなくなっていきます。エリートほど、いきなりハーバードやＭＩＴなどに行けばよいという話になりますし、イノベーターなら普通の生活者ではとりえないハイリスクハイリターンの大きな博打を打つかもしれません。

かつて、フルブライト奨学金などを利用して外国の大学へ留学した日本人は、帰国後エリートとしてさまざまな分野で活躍し、国を牽引していました。フルブライト奨学金は一九四六年にアメリカの上院議員フルブライトの発案で設立されたアメリカ留学を促すプログラムです。この奨学金を利用して多くの世界的な研究者らがアメリカに留学しました。ノーベル賞受賞者から知識人まで実に幅広い人たちがいます。世界的に活躍しながらも、彼らの少なくない人たちは日本に戻ってきて、その発展に尽力しました。手記などを読むと、自分を送り出してくれた日本という国家と社会を粋に思ったという記述を見つけることができます。

けれども、これからの時代、大学ランキングなどを理由に「ここにいてもいいことはない」と見限って早い時期に海外に行った人たちは、そのような感情を持ったり、いつか再び日本へ帰ってくるでしょうか。また、ITや起業で世界的に成功したいと思ったら、日本で起業するのではなくて、シリコンバレーに直接行って現地で創業すればよいわけで、実際にそのような兆候もすでにあります。古くはチャールズ・ライト・ミルズというアメリカの社会学者が『パワー・エリート』（東京大学出版会）というベストセラーを記していますが、エリートやイノベーターたちもネットワークを形成する傾向があります。各界のエリートがエリートになる前の何者でもない段階から、つまり大学生くらいの時期から人的ネットワークを形成したほうが有利でもあります。

日本という国家が社会や生活の足かせになるときに、そこからいち早く別のオプションを取ることができるのはやはりエリートであり、今風にいうならイノベーターたちなのですね。彼らには守るべきものが少なく、リスクテイクに過剰なまでに意欲的で、成功譚だけが継承されています。

ところが、一般的な生活者にとって国家からのフライトは容易ではありません。経済的に困窮するようになると、いっそう生活防衛的になっていき「公共サービスを拡充すべき」「公共サービスを無償化すべき」と主張するようになるでしょう。至極、当然の主張です。

しかし公共サービスの拡充や無償化はますます財政的な負担が必要になります。そしてそれらの恩恵はエリートやイノベーターに対する直接的な利益にはならないでしょう。たとえば彼らは高額な学費を払ってでも、「十分な質の」教育ではなく、彼らが考える「高品質な」教育を求めるからです。

彼らの関心は、公共サービスの拡充よりも税負担や企業にとって足かせとなる法人税や所得税の減税にあると考えるのが合理的でしょう。事実、経団連をはじめ経済エリートや富裕層、そしてイノベーター層は声高に「国民の痛みを伴う改革を」「法人税を引き下げろ」と主張しています。エリート層、イノベーター層と、生活者がそれぞれにとって合理的な主張を繰り広げることでわれわれの社会の分断は広がるばかりではないかというのが「イノベーターと生活者との対立」という言葉を通して主張したい問題提起です。

一九九〇年代から二〇〇〇年代にかけて社会、経済、そして政治にいろいろな大きな変化が生じていたのに、変化に対応できる政策を十分な速度感をもって用意することができませんでした。人口問題において、政策課題としてようやく前に進んだときにはすでに手遅れというのが象徴的ですが、このような対応の遅れが、日本社会の古い慣習や人々のすでに時代の実態と異なってしまった認識を温存させています。問題に対して資源を少しずつ投入してしまい期待された効果が得られないという『戦力の逐次投入』が、悪しき習慣として指摘されて久しいですが、われわれの社会は次の時代にも問題を先送りしようとしているようにも見えてしまいます。

本書では幾つかの例を挙げたに過ぎませんが、同様の課題はいろいろな分野で指摘することができるはずです。このことが、筆者が「平成は失敗の時代だった」と述べる理由です。

経済的負担の変化と若年層の負担感

国の一般会計の歳入に目を向けてみると、何が見えてくるでしょう。一般会計の歳入は、わかりやすくいうと、国が個人と法人から得ている税金です。歳入の柱は、消費税、法人

（図1）

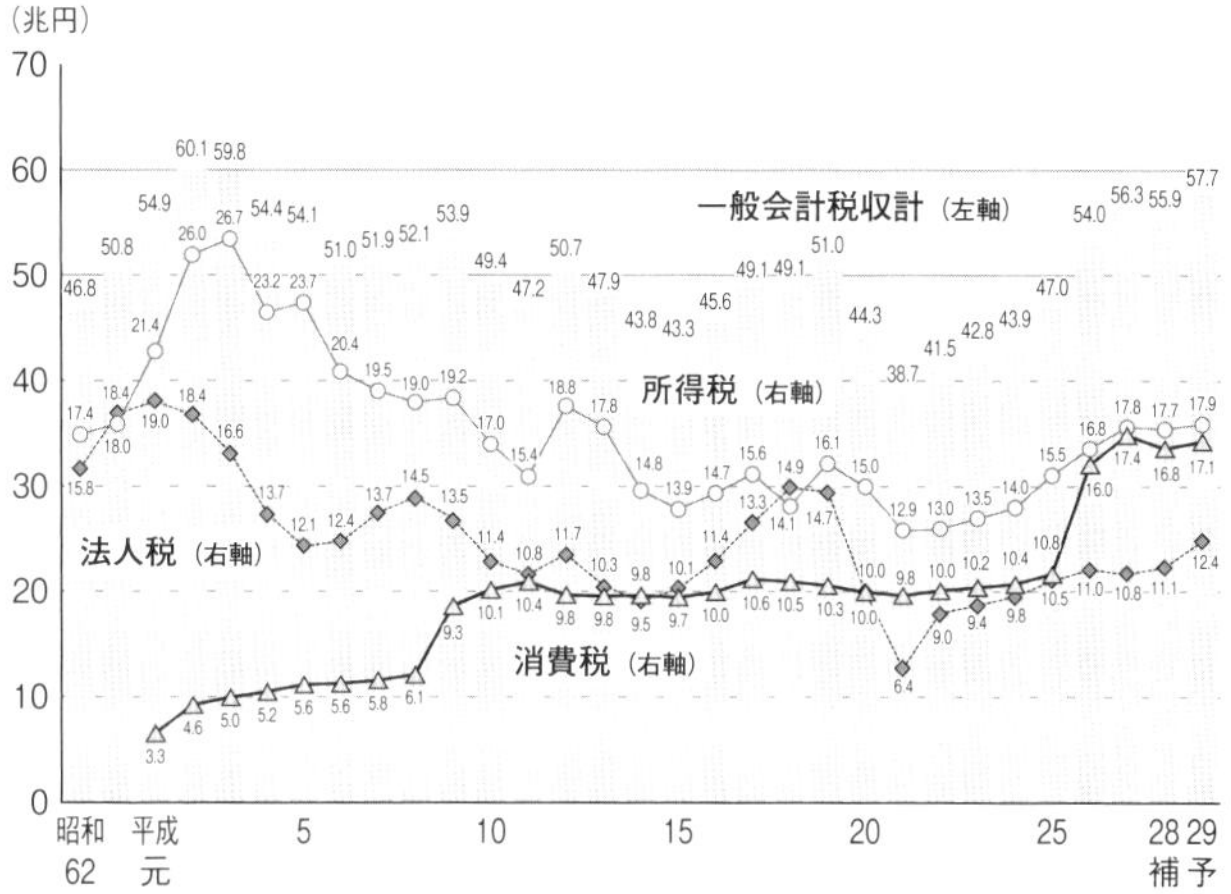

財務省「一般会計税収の推移」より作成
平成26年度以前は決算額、27年度は補正後予算額、28年度は予算額である

税、所得税です。現在、六〇兆円に迫る勢いです。その規模は八〇年代末のバブル期とほぼ同じです（図1）。

バブル当時は株価と地価の過剰な値上がりが指摘されてはいましたが、それなりに日本が世界をリードする産業群がありました。自動車産業と半導体産業などが該当するでしょうか。今はその勢いはすっかり衰えています。半導体産業は今や国が企業合併を公的資金を投入しながら主導する有様で、不正会計が明らかになり経営不振が著しい東芝でも稼ぎ頭でありながら、そうであるがゆえに半導体部門を売却する予定です。自動車も台数こそ今も世界のトップグループの規模で日本の稼ぎ頭ではありますが、不正検査や燃費不正が次々に明らかになっています。

ほかに世界に打って出ていくことができそうな新産業はあるでしょうか。IT産業はどうでしょう。総務省の「平成二九年版 情報通信白書」は「二〇一五年の情報通信産業の実質GDPは、全産業の九・三%を占める」「情報通信産業の雇用者数は、(二〇一五年時点において)四〇一万人(前年比〇・八%増)で全産業に占める割合は六・〇%」と記していいます(ただし、この調査は「労働力調査」における「情報通信産業」の雇用者数より二倍程度大きな数字になっています)。問題はこの水準が二〇〇〇年代を通して概ね横ばいだということでしょう。ちなみに実質については微増傾向ですが、名目では減少しています。

どうでしょう。読者の皆さんの経験的な感覚ともあまり合致しないのではないでしょうか。IT産業は日本でもかなり一般的な存在になりましたが、GDPで見ても、雇用という点でもその評価は分かれるところです。日本発で、今後この国の産業を背負っていきそうだ、とまではいえないのではないでしょうか。

アメリカや欧州では、リーマンショックを克服して経済成長が再び起動し、新たな企業が次の産業の担い手となるべく登場してきています。けれども、日本においては優良企業の顔ぶれがあまり変わりません。企業イメージも同様でしょう。かつての大企業は今の大企業にかさなりますが、商社などを除くと競争力自体が低下しているようにも思えます。内需に依存していた少なくない企業はこれからますます厳しい時代を迎えかねません。

そんな中、大卒の新卒一括採用は大手企業中心に今も続いています。ですが、給与の伸びははっきりしなくなりました。昔は、昇給カーブが明確でした。入社当初は抑えられキャリアの後半で伸びるように設計されていたため、長く一つの企業で働くインセンティブがありました。しかし現在はボリュームのある年長世代の退職金を捻出する必要に迫られています。そのため昇給カーブを抑えざるをえなくなっています。

また銀行や小売業などでは業界全体で大規模な人員削減が始まっています。

みずほＦＧの七―九月純利益は一二％減――一・九万人を削減（ブルームバーグ https://www.bloomberg.co.jp/news/articles/2017-11-13/OZ6JM96KLVSI01）

三菱東京ＵＦＪ銀、三五年度末までに六千人減、一〇〇店舗を機械化店舗（産経ニュース http://www.sankei.com/economy/news/171121/ecn1711210042-n1.html）

三越伊勢丹ＨＤ、早期退職金を上積み＝「バブル入社」削減狙う（時事ドットコム
https://www.jiji.com/jc/article?k=2017110701098&g=eco）

こんなニュースも出てくるようになりました。日本の大手企業の場合、解雇規制の影響もあって、正社員を解雇することは一筋縄ではいきません。そこで早期退職と新卒採用の抑制を行うわけです。それにしても三越伊勢丹ＨＤの場合、四八歳からその対象ということですから、随分厳しいものがあります。早期退職を選択しないとしても、あまり先行きを楽観視することはできないでしょう。

それにしても銀行も百貨店も、一昔前の人気企業だったはずです。銀行に至っては最近に至るまで、大口で採用することや、安定感があることで学生に人気のある職種でした。苦労して就活をして入ったブランド企業でもこうなってしまうということです。銀行はコンビニ銀行とモバイルバンキングの普及により実店舗の必要性が減少し、百貨店はオンラインショッピングの普及に伴う購買行動の変化の煽りを受けているわけですが、こうした当該企業や業界の外的要因によるビジネスの変化は何も銀行や百貨店に限った話ではないはずです。

（図 2）

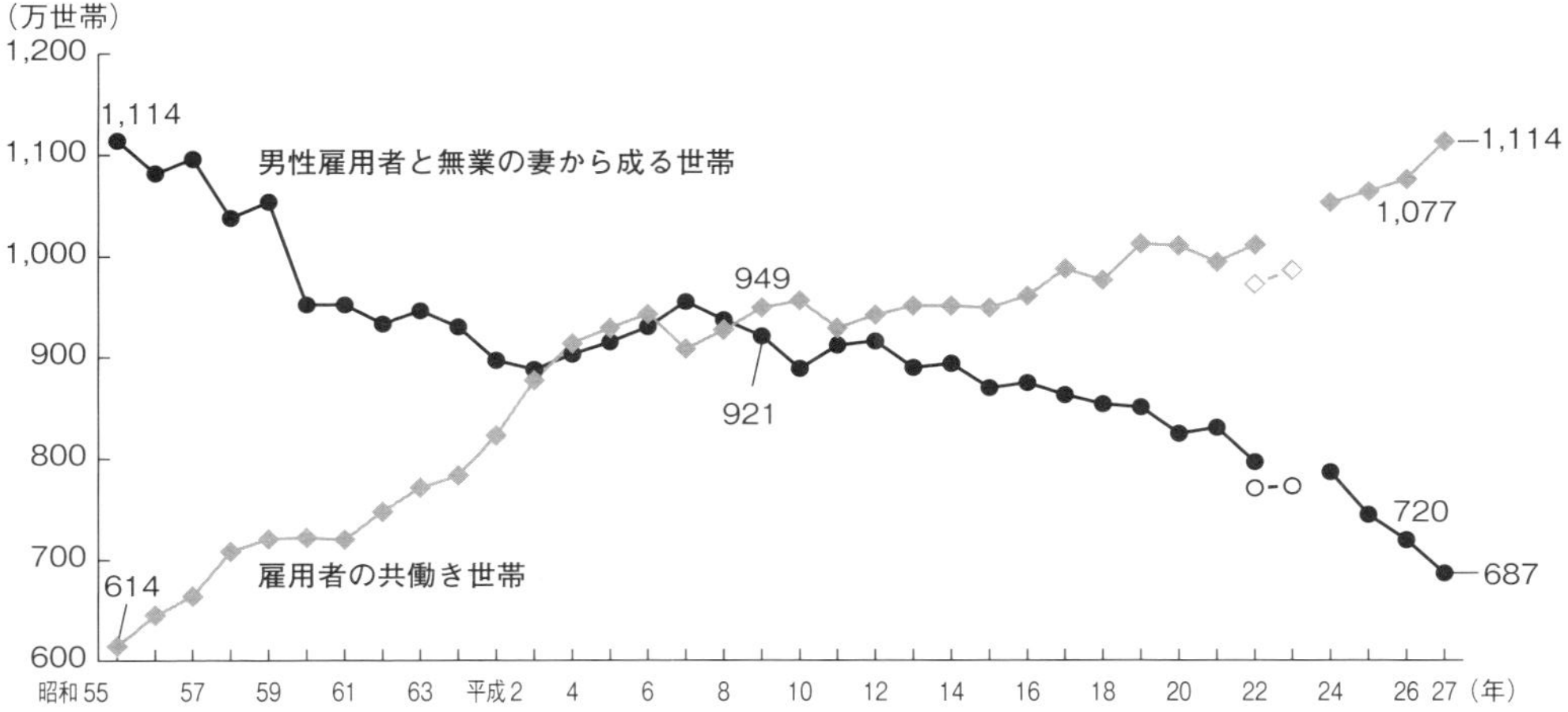

内閣府、平成 28 年版 男女共同参画白書より作成

1 昭和 55 年から平成 13 年までは総務庁、労働力調査特別調査（各年 2 月。ただし、昭和 55 年から 57 年は各年 3 月）、平成 14 年以降は総務省、労働力調査（詳細集計）より作成。労働力調査特別調査と労働力調査（詳細集計）とでは、調査方法、調査月等が相違することから、時系列比較には注意を要する
2 「男性雇用者と無業の妻から成る世帯」とは、夫が非農林業雇用者で、妻が非就業者（非労働力人口及び完全失業者）の世帯
3 「雇用者の共働き世帯」とは、夫婦共に非農林業雇用者（非正規の職員・従業員を含む）の世帯
4 平成 22 年及び 23 年の値（白抜き表示）は、岩手県、宮城県及び福島県を除く全国の結果

若い人の離職率が問題になっていますが、将来の昇給の伸びが期待できず、また今の職種の未来が見通せないなかではそれもそれなりに理解できます。少なくとも現状の不満を我慢する合理的理由は減少しています。

関連して、家族と働き方に目を向けてみることにしましょう。

一九九七年（平成九年）を境にして、共働き世帯が、専業主婦世帯を上回りました（前頁図2）。

かつて共働き世帯は当たり前ではなかったかもしれませんが、これが現在の姿です。これは主体的な選択であると同時に、おそらくはそうせざるをえない経済的環境も関係しているはずです。世帯の平均所得が平成の時代を通して、とくに中盤以後、伸びていないどころか減少のトレンドにあることがわかります（図3）。

それどころか、全世帯平均の直近のピークは一九九四年（平成六年）、児童のいる世帯は九六年。以後、減少傾向です。これは子育て世帯にとってはかなり厳しい現実というほかないでしょう。

非正規雇用の増加もあります。「労働力調査」によれば二〇一六年の役員を除く雇用者

（図 3）

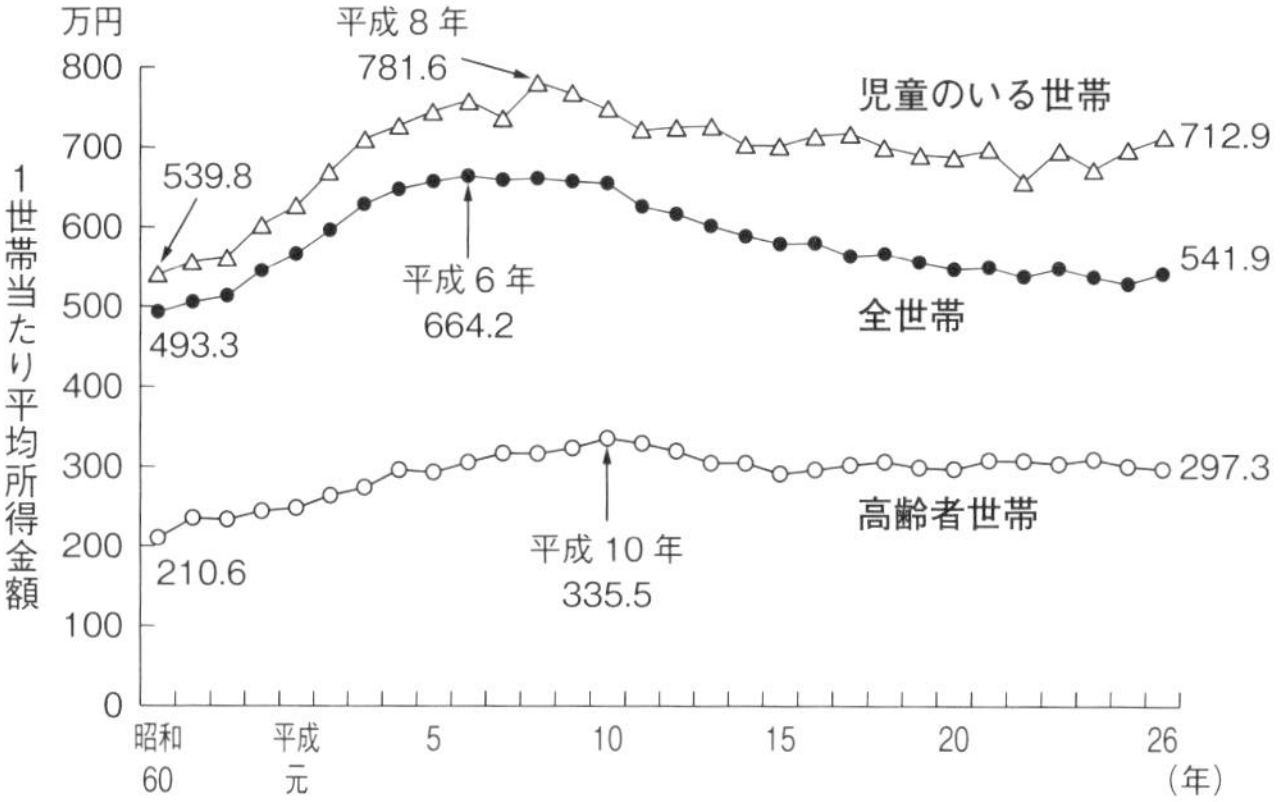

厚生労働省「各種世帯の１世帯当たり平均所得金額の年次推移」平成 27 年　国民生活基礎調査の概況より作成
平成６年の数値は、兵庫県を除いたものである 22 年の数値は、岩手県、宮城県及び福島県を除いたもの、23 年の数値は福島県を除いたものである

に占める非正規の職員・従業員の割合は三七・五％となっています。比較的年長世代の伸びが影響しているとはいえますが、それでも過去一〇年でもっとも高い数字です。

若い世代にとって税金の負担感が増しているのみならず、就労環境や家族を取り巻く経済的環境も厳しさを増しています。ここに新しいことに挑戦しろという年長世代からの声が追い打ちをかけます。

朝日新聞の平成の総括特集には、今の日本はゆでガエルだという例えをひき、五一歳の編集委員のコラムが掲載されていました（二〇一七年八月二七日）。「私を含めた年長世代の多くは今もぬるま湯につかっている。最初に枠から跳び出すカエルは、若い世代からこそ出てくる気がする」とあります。誰に向かって語っているのでしょうか。とても若年世代を説得できるとは思えません。

ここまで概観してきた現役世代を取り巻く環境を踏まえると、またどの世代が政治で、企業で、行政で適切な舵取りをしてこなかったのかということを考えると、あまりに無神経な物言いに思えますが、「勝手な若者への期待」は決して珍しいものではないことがわかります。

それでも満足と主張する日本人

幾つかのわれわれの時代認識についてのデータを見てみることにしましょう。

民意が政策に反映されていると思うかどうかを問うた内閣府の世論調査があります（図4）。

この調査のポイントはあくまでも主観を問うていることでしょう。政策に民意が反映されていると思う基準や理由は明らかではありません。ですが、昭和の時代から現代に至るまで、一貫して「反映されていない」と回答した人が「反映されている」と回答した人を

（図 4）

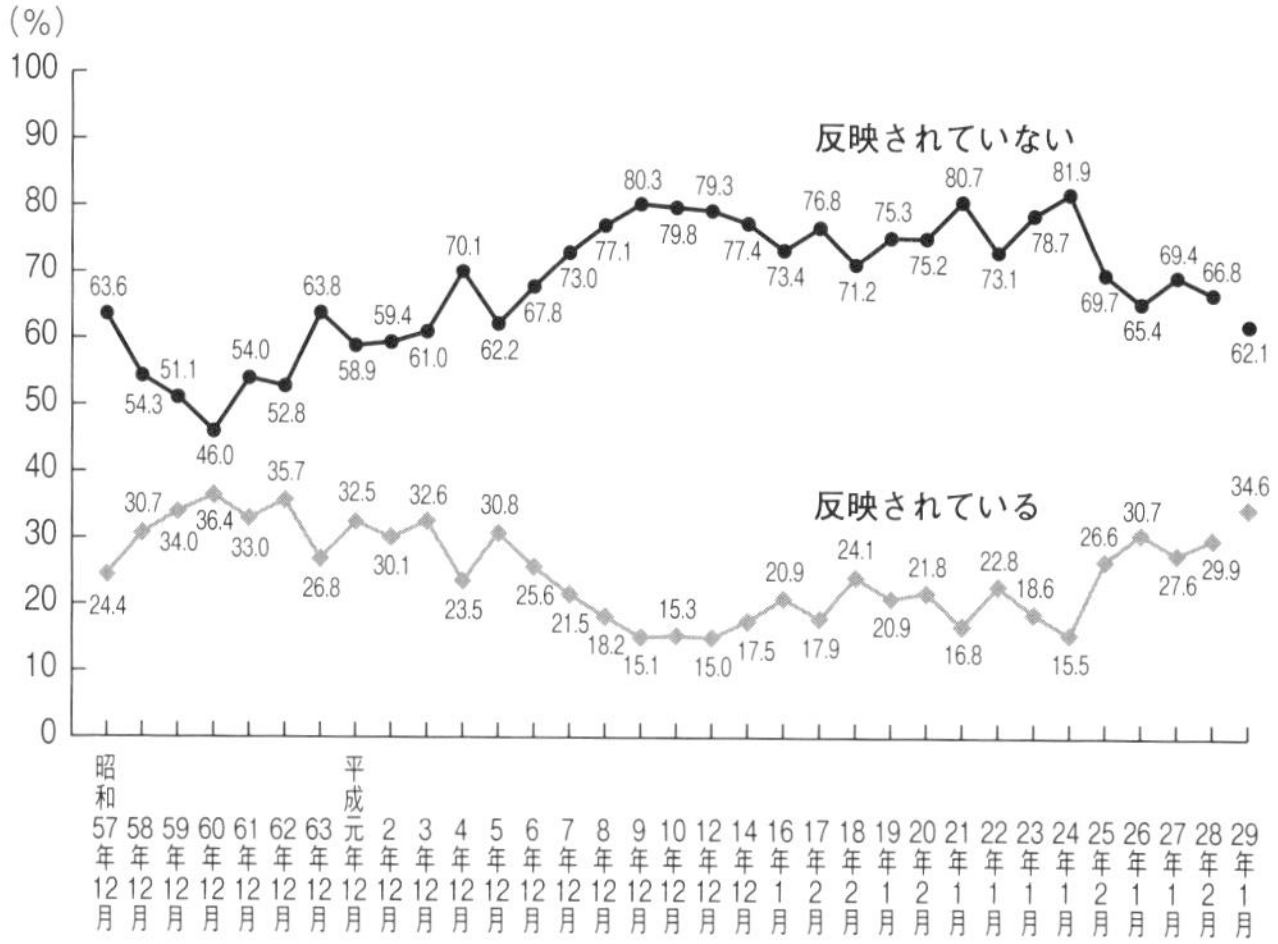

（図 5）

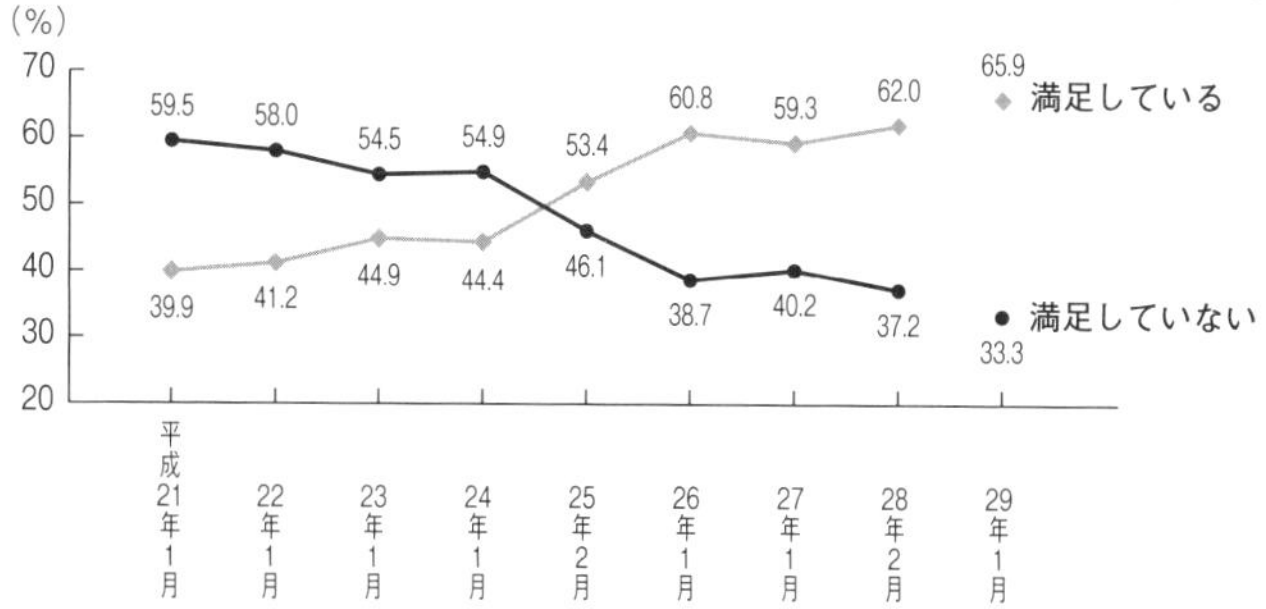

上：内閣府「国の政策への民意の反映程度」社会生活に関する世論調査より作成
下：内閣府「社会全体の満足度」社会生活に関する世論調査より作成
いずれも、平成 28 年 2 月調査までは、20 歳以上の者を対象として実施。29 年 1 月調査から 18 歳以上の者を対象として実施上回っていることがわかります。政治は本来われわれを代表する存在で、政策はわれわれの生活をよくすべく行われているはずなのですが、われわれの社会はそうは受け止めていない人が多数であり続けているわけです。そうでありながら、政権交代も、なんなら暴動でも打ち壊しでも、とあまりならないのはなかなか興味深いことではあります。

それは次の調査の結果とも関係しているようです。

同じ内閣府の調査のなかに、「社会全体の満足度」を問うた項目があります（前頁図5）。

これを見ると、二〇一二年（平成二四年）を境に、「満足している」と考えている人が、「満足していない」と考えている人を、上回っています。つまり、先の項目とあわせて考えると、われわれの社会は総じて見ると、政策には民意が反映されていないと思っているけれども、社会に対してはそれなりに満足しているというわけです。

なかなか不思議な状態です。現実には、すでに見てきたように、世帯の所得も子供の数も減り続け、税金は増え続けていて、これからさらに消費増税が行われようとしているのですが。これはこうした現実を知ったうえでのことなのか、それとも繭の中にこもっているように、不都合な現実に目を向けていないがゆえのことなのでしょうか。

余談ですが平成二四年に「満足している」が「満足していない」を上回ったのは、前年に起きた東日本大震災の影響ではないかと考えています。繰り返しメディアで被災地の惨状が伝えられ、東京を含む東日本の広域において、それなりのリアリティをもって震災が経験されました。首都圏でも計画停電があり、原発事故に伴い不安を感じる人たちも出ました。その反動でしょうか、「被災地の人たちが頑張っているんだから、被災していない私たちは〝足るを知る〟生活をしなくてはいけない」という雰囲気が醸成されました。メディアでもしばらく自粛ムードが続きました。給料水準は低いまま、働く環境も厳しいけれど、不満を言っている場合ではない。家賃は高いし住環境は悪いけど、仮設住宅で暮らしている人たちよりはずっと恵まれている……そんな意識が芽生え、不平不満を言う風潮は控えめになったのではないでしょうか。

興味深いことに、内閣府の「平成二五年度 我が国と諸外国の若者の意識に関する調査」などを見ると、日本の若い人たちの「国や世の中に対して貢献したい」という意識は他国と比較して相対的に強いものともいえそうです。同調査は「『自国への奉仕』に対する意識」という項目で日本、アメリカ、イギリス、韓国など七か国の比較を行っています。そこでは「七か国比較で見ると、日本が最も高く、以下、スウェーデン（五三・七％）、ドイツ（四九・七％）、フランス（四四・八％）、韓国（四三・二％）、アメリカ（四二・四％）、英国

（四〇・六％）となっている」と記しています。阪神淡路大震災でもそうでしたが、東日本大震災でも多くの若者がボランティアに駆けつけました。

ただし、先の内閣府の調査は続けて「日本の若者は、七か国中もっとも『自国のために役立つと思うようなことをしたい』と感じている割合が高い。その傾向は、学歴が高いほど高く、一方で非正規雇用（パートタイム・派遣社員・契約社員）や無職の状態にある若者ほど低い」という気になる分析も行っています。

政治についてはどうでしょうか。「政治に対する関心度」という項目があります。「五〇・一％が「関心がある」（「非常に関心がある」九・五％＋「どちらかといえば関心がある」四〇・六％）と回答」したようですが、この数字は七か国中で最下位だったスウェーデンの一つ上の六位に位置するものでした。関連して積極的な関与など政治参加に関連する項目で、総じて相対的に低い数字が並んでいます。

このような状況は知的に興味深いというべきか混乱しているというべきか、それとも時代の気分というべきなのか悩ましいところですが、一部の若い世代のオピニオンリーダーは利益対立を明確にすることよりも年長世代との連帯に価値を置く主張をしています。そのような言説はひろく当事者世代も含めて好意的に受け止められてもいるようです。たとえばベストセラーになった藤田孝典『下流老人』（朝日選書）も、若年世代も年長世代もそれぞれ生きづらさや貧しさを抱えている人がいるのだから、世帯や世代を問わず、連帯しながら問題を強く訴えかけていくべきだという提言を行います。

筆者はそうは思いません。そもそも現実と認識のズレはいつの時代にも生じることです。日本の文脈に即していえば「昭和の面影」といえるでしょう（『不寛容の本質』）。しかし、それが年長世代には「在りし日の昭和」、つまり過去のよかった時代の文脈にある一方で、若年世代にとっては、いくつかの指標でいうならば今よりもよかった「羨望の昭和」としてあり、正反対の認識を生み出しかねません。この二重の認識のズレがもたらす弊害が、年長世代に有利に働きがちという意味でも大きくなっているのだとすれば、現状と対立の図式を、問題の所在をはっきりさせるためにもより明確に強調すべきではないでしょうか。そうでなければ（それでも可能か危ぶまれるところですが）、それぞれの世代が納得できる世代間の連帯などありえないように思えます。

今、日本が直面しているのは、国の税収の規模はバブル期に迫るまでに拡大するなかで、産業や大学の競争力が相対的に弱くなり、しかも高齢化に伴って必要とされる医療・社会保障関連費用が増大し、子育て環境や女性の活躍が政策課題として新たに急浮上するという難しい変化の局面です。対応するための政策には予算と財源が不可欠です。しかし財源には強い制約が生じ、分配の優先順位とそれを巡っての駆け引きが激化しています。そしてその駆け引きこそがまさに政治でもありますが、その政治に対する社会の眼差しは幾つかのデータを参照するとどうにも一貫性を欠き、いろいろなレベルで認識のズレが生じているようです。それが政治のわかりにくさをもたらしているのではないかというのが筆者の見立てなのです。ここまで主に政治と社会の変動を検討してきましたが、以下において、現実と政治を論じる道具立てのゆらぎについて考えてみることにしましょう。

3　保守とは何か、リベラルとは何か

政治がわかりにくい理由として、日本政治と社会それぞれが変動している混乱した状況を検討してきました。

以下において、政治を認識するための概念装置の混乱について注目してみます。政治を論じるにあたって「保守」「右翼」「左翼」「リベラル」といった言葉が頻繁に用いられます。これらの言葉を聞いたことがあるという人は少なくないでしょう。

ですが、これらの意味をきちんと説明できる人は少ないと思いますし、研究者のあいだでもかなり議論が分かれるのみならず、分野によって異なった使われ方をします（そういったことは決して珍しくはありません）。

政治を捉えるための概念を理解していなければ、視点が定まらず見るたびに異なった姿が立ち上がってくるはずですから、政治が難しいと感じられたとしてもまったくおかしくありません。そしてここにも「わかりにくさの構造」が存在します。

政治を論じたり分析するために人文社会科学や思想で用いられている概念は少なからず欧米圏から持ち込まれたものです。そうであるがゆえに、もともと想定されていた用法と、日本における現実政治が合致しないという現象も生じます。

さらに現実政治には現実政治で、別の文脈でそれらの用語を用いてきた伝統があります。自民党における「保守本流」のように。

しかもここにきて、現実政治における言葉の使い方がますます混乱しています。最近はどうも「リベラル」という言葉は不人気で、「保守」が人気のようで、自民党も、野党も「自分たちこそが本当の保守だ」ということを言い合っています。また「リベラル保守」などということもいわれるようになり、さらに二〇一七年衆議院議員総選挙で希望の党が掲げたように、「寛容な改革保守」というあとで紹介するような本来の意味を念頭におくと相当矛盾して聞こえるような使われ方もするようになってきました。

整理すると、こうです。現実政治と、政治を捉える概念装置としての「保守」「リベラル」といった用語は必ずしも合致しません（市民活動など実践で使われる文脈を考慮するとますます複雑になります）。概念装置をめぐる議論も相当に多様で、かつ近年現実政治における用法が変化しています。以下において、両者の変化を「概念装置の変化」「現実政治の変化」の順番でそれぞれごく簡潔に確認していきます。

アンソニー・ギデンズというイギリスの社会学者に『左派右派を超えて――ラディカルな政治の未来像』（而立書房）という著作があります。この本でギデンズは九〇年代のイギリスと世界について興味深い診断をしています。従来、市場の論理に委ねることのなかった領域さえも市場に委ねることを主張する革新的な右派と、福祉国家を護持（保守）することに専心する左派（革新派）が対抗するなかで、具体的な社会課題が解決されないという政策的な機能不全を起こしているというのです。福祉国家ではなく、「戦後民主主義」的価値観などと置き換えてみると、まるで現代日本の姿のようでもあります。

「保守」と「リベラル」

ごくごく大雑把に政治を捉える概念装置を説明するところから始めてみましょう。まず取り上げるのは現実政治での使われ方ではなく、思想的文脈です。さしあたり大雑把ではありますが「保守」「リベラル」を中心に言及してみることにしましょう。

◆保守

現代の保守（コンサバティズム）はどこから生まれたのか。西洋思想史研究の一つの見解としては、先に少し言及しましたがフランス革命を起点にして、革命肯定派に対して否定的な立場をとったイギリスの思想家エドマンド・バークを祖とする考え方があります。むろんギリシャ哲学から連なる流れがありますが、さしあたり近代史に限定するなら、ひとまずバークが軸となっているといってもよいでしょう。

一八世紀末フランス革命で絶対王政を廃したのち、共和制国家（第一共和政）をつくる過程で、さまざまな不公正や弾圧が起きました。真偽の不確かな判断によって多くの人が処刑台に送られるということが起きたのです。

その後のナポレオンの台頭など含めて、この時期フランスは明らかに混乱しました。そのような状況に対して、否定的な立場をとったのがバークだったのです。提起されたのは急進性と人間の理性、人智に対する懐疑です。もっとわかりやすくいうと、人間が頭を使って考えつくようなことを信頼しないという立場です。

それでは何を擁護するのでしょうか。長い歴史のなかで培われてきた歴史と慣習です。それらに重きを置いて保守しよう、つまり少しずつそれらを改良しながらやっていこう、という立場だったわけです。

なるほど、なかなか説得的ではありますが、幾つかの疑問も残ります。もし経済や技術の急速な変化といった外的要因が保守を許さない、つまり緩やかな変化を認めないときにどうするのか、もう一つ歴史や民主主義、共同体に自明の共通感覚を持たない／持てなくなった社会（すでにお気づきのとおり、まさに日本社会が該当すると考えています）はどうすればよいのかという問いです。ある立場の人が特定の時代を念頭において、「この時代のあり方が本当のわれわれの社会の姿だ」と主張しても、別の立場の人が「いや、その時代は特殊で、また別の時代にこそ本当のわれわれの社会の本質があるのだ」という議論になったときに、両者は噛み合うのでしょうか。ちょっと難しいのではないかというのが筆者の見立てです。

◆リベラル

理性なるものは信頼できない、より大きなもの（歴史に磨かれた知見や慣習ｅｔｃ）を重視するという保守の立場に対して、人の理性を信頼しようとする立場がリベラル（リベラリズム：自由主義）です（よりアメリカの文脈に寄せるとパターナリズムと接近したりと広がりを持ちますが、思い切ってここでは捨象します）。個人の自律と自由、その前提となる「理性」を信頼、擁護、重視する立場です。

さしあたり近代史的な意味に限定するなら、カントの『永遠平和のために』などに代表される理性と啓蒙、寛容を重視する立場といえるはずで、少し筆者なりの解釈を加えつついい換えると、「確かに『理性』も信頼できないが、ほかのものよりは相対的にマシなので、その限界を踏まえるよう注意しつつ、理性を磨き改善し続けるべきではないか」という立場といえるかもしれません。

ファシズムの台頭が民主主義的決定が引き金となったこと、不安感情と大衆政治のなかから生じてきたことや、アウシュビッツの大量虐殺が極めて官僚主義的で非人間的になされたことはすでに指摘されるとおりです。しかし、近現代を生きるわれわれには理性しかないではないか、ということなのです。前述のように、社会の歴史認識や共通感覚はかなりそれぞれの国の状況に依存します。歴史や慣習が共通していない社会や、それが難しい社会の場合、「歴史で磨かれた知恵や慣習」は恣意的なもの、ともすれば政治が主導するものになってしまいかねません。国家は教育内容の決定において大きな影響力を有するからです。

そうであるなら、頼ることができるのは、難しくとも理性と、それらを支える啓蒙、さらにそれらを擁護する環境としての寛容性ではないかという立場です。ＥＵは現在では難しい局面にさらされていますが、その共生のための設計思想はこれらの影響を少なからず受けています。

もう一つ参考になるのは、政治学者であり、社会学者でもあったマックス・ウェーバーの議論です。よく知られるとおり、ウェーバーは支配（統治）の三類型という議論を展開しています。ウェーバーは一九世紀末の世界認識を前提にしながら、統治の発展について、次のような議論を展開しました。統治の原初形態は伝統的支配であるとウェーバーはいいます。慣習的な村落共同体のような社会を想定するとよいでしょう。「昔からそうだったから、今後も統治が同様に続く」といったイメージです。二つめが、カリスマによる支配です。超越的な属人的資質による支配といいかえてもよいでしょう。そして、三つめは法律と合理性に基づいた官僚制による統治です。ヘーゲルの弁証法的な思考様式ですが、ウェーバーは官僚制がある種の到達点だと見なしました。そして近代の本質は、抜け出ることのできない＝ほかの選択肢がない「鉄の檻」だと述べます（中国の台頭や新興国の状況などを見るにつけても、実証的に妥当かといわれれば現在では疑問も残りますが、ウェーバーの思考パターンは示唆に富みます）。

　ドイツの著名な哲学者カール・レヴィットや日本でいえば歴史学者山之内靖らによる後期ウェーバー研究は興味深い指摘を残しています。ウェーバーにおけるニーチェやニヒリズムの影響が見てとれるというのです。ウェーバーは、「鉄の檻」という概念を通して、われわれはもう近代の外に出られない、とはっきり述べているのです。

　しかし、ウェーバー研究の知見の指摘はそこでとどまりません。できることがあるとすれば、「それでもなお」という力への意志を持つことであると述べます。どういうことでしょうか。それは自分たちの地平を自覚しようと務めることだとウェーバーはいいます。ポイントは「自覚できる」ではなく、「自覚しようと務める」という点です。

両者には大きな開きがあります。しかし、完全に理解することはできなくても、理解し続けようとすることはできる、それによってよりよい改善を加えていくことができるというわけです。政策やメディア、民主主義の研究が中核になったため、普段研究で使うことはまったくといってよいほどありませんが、随分昔、社会学者宮台真司先生のゼミでウェーバーとウェーバー研究を集中的に読んで以来、ウェーバーとニヒリズムの影響関係は今も好きな概念であり続けています。

概念装置としての保守とリベラルの双方に目を向けてきましたが、思考や発展のプロセスこそ大きく違えど、意外と結論の差異が小さいことに気がついた人もいるかもしれません。重視するポイントは違えども、理性には限界があり、間違いを犯しうるので、政治と政策は注意深く扱うべきという結論に至るからです。

日本の保守とリベラルのねじれ

さて、ごくごく大雑把ですが、保守とリベラルという概念を概観しました。これらは主に人文社会科学や学問、批評等で使われる概念装置（政治を捉える見方）です。すでにお気づきだと思いますが、これらはいずれも西洋近代史に基づく概念です。

次の疑問はこのような欧米の保守、リベラルを、そのまま日本にあてはめてよいのかということです。たとえば保守をとってみても、保守主義の父エドマンド・バークが考えるイギリスの保守政治と日本のそれは、当然ながらかなり異なった文脈を持っていることにすぐ気がつくはずです。

それでは戦後の日本の現実政治では、今で言うところの保守とリベラルはどのように用いられてきたのでしょうか。戦後長らくそれらに対応する「保守と革新」という言い方が定着していました。そして保守は与党を、革新は野党全般を指すというのが、伝統的な対立図式でした。マルクス主義的な用語系ですね。ちなみに橋本龍太郎内閣以来、政府自民党で用いられている「構造改革」という言葉があります。小泉内閣で注目を集めましたが、もともとは一九四〇年代に共産党や社会党で用いられた言葉です。アカデミズムと比べて厳密性が要求されない現実政治では、こうした概念が文脈から切り離されて使われていま す。

小熊英二氏の『〈民主〉と〈愛国〉』（新曜社）は、保守と革新のねじれを論じた著作です。本書では、もともと「民主」は保守陣営の看板で、「愛国」は革新陣営のスローガンで、それらが反転していく様が多くの資料を用いて指摘されています（ただし資料の選定や使い方等への批判もなされています）。戦後早い時期には、日本共産党と左派が「愛国」を主張し、現在ではリベラルの、左派の言葉と認識されがちな「民主」は、むしろ保守陣営が強調してきました。共産党は今でこそ日本国憲法護持、護憲の立場ですが、戦後すぐの憲法制定期には、自主憲法案（「日本人民共和国憲法〈草案〉」）をつくったこともありました。

こうした現実政治における用語のねじれは、当然ですが、われわれの政治理解を困難にするといえるでしょう。専門の研究者はさておくとして、一般の生活者はそれほど丹念に政治における言葉の使い方をチェックしているかといえばそんなわけはないからです。つまり、時代が過ぎていくなかで、以前と正反対の陣営が「同じ言葉」を使ってメッセージを発しているのですから、混乱するのが当然です。

ここまでの大雑把な議論だけでも、たとえば研究者が「寛容な改革保守」という表現に首を傾げる理由を読者の皆さんと共有できたのではないかと思います。

これを掲げたのは希望の党ですが「一二のゼロ」で話題になったそのマニフェストをひもといてみると、保守からリベラルまで、そして各世代が広く興味を持ちそうな政策群を、整合性など無視して、節操なく取りそろえていました。強い支持基盤を持たず風頼み以外に選択肢がなかったからでしょうが、保守支持、リベラル支持の両方を得たかったということなのでしょう。企業の内部留保に対する課税は長年の共産党の主張ですし、現実主義的な外交路線は安倍政権と変わりません。年金や社会保障といったセーフティネットを一元化して広く配るベーシックインカムは若手の中堅ビジネスパーソンに人気があります。ほかにも満員電車の解消や花粉症ゼロなどが並びました。

党首（当時）の小池百合子氏はかなり保守的な立場をとってきた人で、「寛容な改革保守」を旗印にかかげておきながら、「排除」と言って物議を醸したことも記憶に新しいですが、一連の経緯を見てもほとんど思想的軸を見出すことはできません。そうなってくると、そもそも「保守」や「リベラル」といった概念装置で政治を捉えることがますます困難になってきます。

このように学術的に、そして伝統的な言葉の用法で見ても正反対に使われてきた言葉を平気でつなげた使い方が普通になされるのが現実政治です。さらに問題をややこしくするのは、決して単純に悪いというわけでもないことです。ある種の醍醐味でさえあったりもします。ややこしいですね。現実政治における言葉の使い方の変化を受けて、それを分析するアカデミズムの用語系も変化していくという相互作用の関係があります。ただし今のところは首を傾げざるをえないと思いますが。

日本の現実政治における保守について、もう少し掘り下げてみることにしましょう。一九五五年の左派右派社会党の合流を受けて、保守合同がおき、自由民主党が生まれました。以後、議席数の多い自民党と、議席数のそれほど多くはない複数の野党という構図が長く続きます。それをもって五五年体制などと呼ばれています。こうして複数の政党が集まって生まれた自民党ですから、自民党内に複数の派閥ができ、政策に対する考え方もさまざまでした。今はかなり自民党内の政策観は総裁直下のものに、つまるところ建前としては安倍的なものに均質化されていますが、かつては派閥の領袖《りょうしゅう》の力は強く、派閥間の競争関係に基づく緊張関係がありました。今では総裁選に対抗する人物が立候補することもできない有り様です。

憲法を例にとってみると、改正を主張する清和会（清和政策研究会）もあれば、抑制的な立場をとる宏池会もありと、さまざまなグループが入り乱れていました。

冷戦下、保守は基本的に親米の立場を取ります。建前として自民党は自主憲法の制定を長く主張してきましたが、一九六〇年の日米安保改正以後、事実上棚上げにしてきました。安倍総理の祖父、岸信介は長く憲法改正を主張し、安保改正を機に総理の座を退いてからもその道を模索し続けました。岸は憲法改正のための国民運動を展開しようとしましたが、かないませんでした。なお彼自身は人工国家である満州国のガバナンスと経済政策に注力していたことから「革新官僚」などと呼ばれ、吉田茂らと緊張関係にあったこともあって、現実政治における文脈でいうなら保守本流ではありません。そして、岸の悲願である自主憲法の制定を今、政治の主題におろしてきた安倍首相もまた伝統的な自民党の姿との連続性を持っているとはいえないと思います。

しかし岸のあとを継いだ池田勇人は吉田茂の後継筋にあたり保守本流ともいえる存在でした。よく知られているように、彼は経済成長を政策の柱におきます。安保闘争に代表される「政治の季節」から、「所得倍増計画」に代表される「経済の季節」に移行させようとしました。憲法改正や安保改正について言及すると、世論の自民党支持が減ってしまうのではないかという現実的な懸念もあったことでしょう。党是として自主憲法の制定を掲げておくものの、以後の政権のもとでは、日本国憲法の擁護と日米安保堅持、国際協調護持が基調とされてきました。そして確かにその選択は、多くの利益を日本にもたらしたといってよいはずです。それは幾つかの幸運にも恵まれたものでしたが、長期間の経済成長を遂げ、バブル崩壊に至るまで、経済大国としての日本の地位と繁栄を確固なものにしたからです。控えめに見積もってみても、この方針は九〇年代まで自民党内でも共有されていたのではないでしょうか。

九〇年代以後、現実政治もまた大きく変わりました。相次いだ政治とカネの問題に対処すべく、政治資金規正法改正、政党助成法改正、選挙制度改革などが実現され、一九九六年の衆議院議員総選挙から小選挙区制が導入されました。九〇年代末の行財政改革以後、省庁改革と官邸機能の強化が実現され、それに伴って、政府与党の関係も変容し、官邸の力が強くなりました。

政治技術も高度化しています。拙著『メディアと自民党』（角川新書）などで詳しく論じたように、選挙やメディアへの働きかけも戦略的なものになり、戦術もＩＴ技術を使うなど高度化しています。

かつて小泉元総理は「自民党をぶっ壊す」と言いました。今の自民党の姿は、よくも悪くも保守本流のみならず、多様な主張を掲げた派閥が緊張関係をもって対峙した時代の自民党とは異なっています。現在の自民党は保守というよりは、安倍路線的なものに相当程度純化しているといえます。思想や政策云々というよりは、利害関係の影響が大きいでしょう。宏池会の流れを汲む岸田派を率いる岸田元外相でさえ、ポスト安倍を見越すことができるからこそ、安倍政権を支える役割に徹するわけです。

しかしこれが自民党の伝統的な姿かといえば、そうではありません。政治環境の前提条件は異なりますが（派閥が機能した中選挙区制などの環境条件は看過できません）、かつては総裁選に複数候補が出てきて、侃々諤々《かんかんがくがく》議論を戦わせたわけですから。もちろんその背後では頻繁な政治とカネのやり取りがあったことは多くの政治家や政治記者らの手記から窺えます。

ここまで現実政治における日本の保守陣営の変容を簡潔に見てきましたが、次に革新（リベラル）の側に目を向けてみることにしましょう。学術的には自由主義（リベラリズム）

を想起させるかもしれませんが、現実政治の文脈でいえばやはり日本共産党やかつての社会党ということになるでしょう（ちなみにこれらにも主義によって幾つかの派閥のようなものがありますが、ここでは割愛します）。小熊氏の著作によると、戦後とくに日本共産党は「『愛国』のための『反米』」という論理を展開していました。東西冷戦の下で、共産主義、つまり反米の立場に共感を獲得するための論理でもありました。太平洋戦争終結後、アメリカによる占領が続き、その後も日本には米軍が駐留したわけですから、わからなくはありません。ですが、高度経済成長のもとで、この論理は少しずつ人々に対する訴求力を失っていきます。経済成長と資本主義の果実が広く人々に実感されるようになっていったからです。筆者も含めた多くの生活者にとって、私的生活の充実は往々にして思想よりも魅力的に映りがちです。その経済成長と資本主義の果実が、アメリカの核の傘のもとにいて、西側諸国の一員であるがゆえに享受可能なものであることもまた理解されるようになっていきました。

政治はいつの時代も人々と社会に拠り所を求めます。それなくしては存続できないからです。戦後復興、そして高度経済成長のなか、急速な開発や都市への人口流入が起こります。水俣病などの公害病や、ビキニ環礁水爆実験なども起きました。これらの事件はときとして市民運動や異議申し立て活動に結実していきますが、こうしたオルタナティブな人々の繋がりを保守政治に対抗する契機として捉えたものともいえます。当然、政府や地方政府に対する異議申し立てですから、「愛国」のメッセージとの折り合いがあまりよくありません（本書では取り上げませんが、郷土愛こそが「愛国」の本質であるというコミュニタリアン的な思想もあります）。むしろ強調される点は、市民や民主主義に移っていきます。

時代を経るにつれて、冷戦の崩壊、社会情勢の変化をうけて日本共産党も当初の暴力性や、急進性を弱めていきました。護憲や平和主義の主張が全面に押し出されるようになっていったのです。日本共産党は、最近では野党共闘にもっとも積極的な立場を取っている政党でもあります。また近年「対米従属」批判を強めています。「本当の保守」を主張するなかでの原点回帰の動きなのかもしれません。機能的には新しい政治におけるポジショニングを開拓している最中だといってもよいでしょう。

現実政治の文脈において、かつての革新、つまり現代でいうところのリベラル陣営は戦後政治の伝統である「社会を保守していくこと」を主張するようになりました。最近もよく聞く「憲法を守れ」「九条を守れ」という主張もそうですね。それらの対象を「保守しろ」というメッセージです。このような現象に、よし悪しは別にして、ねじれを感じます。

ここでは詳しくは触れませんが、最近の研究では、人々の政党に対する「保守」「革新」の認識も変化しつつあるのではないかと指摘されています。

ここまでごく簡単に検討するなかで明らかになってきたのは次のようなことです。われわれは政治を捉える概念装置として西洋由来の概念を使っています。それらの解釈も多様ですが、政治の前提が大きく異なった日本社会の分析に当てはめようとしても、いつの時代を対象にするのか、何を対象とするのか、そしてそれらの概念が社会で共有されているのか否かによって異なるという難しさを抱えています。これは今に始まった話ではありません。

そして同時に、現実政治における「保守」「革新（リベラル）」という言葉の使われ方にも正反対といってもよいほどのねじれがあるわけです。現実政治の用語系も、それを捉える概念装置も同時に変化しているのであれば、政治がわかりにくいとしても無理はありません。

余談ですが、「保守人気」に関連して、ネット右翼やヘイトスピーチはどう捉えるべきなのでしょうか。たとえば、保守を名乗るネット右翼は、本来の意味の保守でしょうか。彼らは急進主義的な愛国者たちで、そこに自己責任論をくっつけたキメラのような存在ですから、伝統的な保守ではありません。日本社会が近代の遥か以前から中国大陸、朝鮮半島を含めて海外から多くのものを受け入れ、消化し、発展させることで独自の文化を培ってきたことは疑いえません。現在でもそうですね。料理然り、文化然り、コンテンツ然り。排外主義が伝統であるはずがないからです。

ですがやっかいなのは、選挙という数の戦いになると、排外主義者たちでさえもとりこもうとする「現実的な」グループが出てきます。職業政治家、政党にとって、選挙はなにより重要です。ゆるやかにでも組織化されている集団があるとして、彼らになんらかのメッセージを送ることで陣営に取り込めるとすれば、戦略的には相当楽です。ちなみにビジネスも同様です。排外主義やヘイトスピーチを賞賛するかのような書籍でも、まとまったマーケットがあって売れるのであれば平気で発売する大手出版社が少なからず存在します。「マーケットに需要があるから」というのが彼らの言い分でしょうが、書籍というメディアのお墨付きによって自信を得て、ますますそうした集団が活性化するのですから、たちが悪いとしか言いようがありません。

第2章　メディアと政治

1　政治とメディアの関係の変化

前の章では「政治がなぜわかりにくいのか」という本書の主題を考えるにあたって、現実政治の変化と、政治を捉える概念装置の多義性と変容（概念のねじれ）、さらに時代の変化に注目しました。

本書は「政治のわかりにくさ」の原因を政治と社会、それぞれの変化に見出して論じるとたびたび述べてきました。社会において政治の知識や物事の捉え方はどこから供給されているかというと、最大公約数的な機能を果たしているのはメディアと学校教育です。本章ではメディアを、次章では教育を取り上げます。それぞれが何を提供しようとしているのか、なぜ今のような姿になったのかということに焦点をあてながら、歴史と現状をふりかえり、「政治のわかりにくさ」につながる糸口を探してみようと思います。

メディアの機能と中立性の現実

少し振り返ってみてほしいのですが、選挙の前に政治についての情報をどこから手に入れているでしょうか。さすがに「生の政治家の声」という人はそれほど多くはないでしょう。政治家や政党もインターネットの普及でソーシャルメディアや動画配信を行うようになってきたので、「生の声」に近い政治情報と接触することは以前よりはずっと容易になりました。それでも大半の生活者にとって、政治は仕事ではなく、生活のなかでそれほど優先順位の高い対象でもないはずです。ということは、多くの人たちはメディアを通して政治を認識しているはずなのです。

ところが現実のメディアと政治は必ずしも独立しているわけではなく、中立的というわけでもありません。相互に影響を与えあっています。メディア、とくに報道部門は社会の代理人（エージェント）として、日々多忙な生活者のかわりに生活者の利益を増進する情報を報じ、また権力に対する番犬（ウォッチドッグ）として監視機能の中核を担うことが理論的に／理想的に期待されます。

ですが、メディアと政治の現実には、いろいろな要素（変数）が影響しています。たとえば、ジャーナリズムはコスト高で一般にはそれ単体ではビジネスとして成立し難いという問題があります。世界中でNPO化してみたり、個人のジャーナリストがクラウドファンディングを使ってみたりと工夫をこらしていますが、なかなか一般化可能な方法は見当たりません。視聴者数（聴取者数・購読者数）と広告収入を重視するメディアビジネスはときとしてジャーナリズムの足かせになります。政治的発言に対して、メディアから不買運動やスポンサー企業への働きかけを呼びかけたりする動きがありますが、これはメディアビジネスのアキレス腱を狙って、ジャーナリズムや言論を阻害しようという意図がある悪質な働きかけです。ですが、メディアビジネスがなければ、ジャーナリズムは維持できないという難しさがあります。そして「このような行為は表現の自由を萎縮させ悪質だ」と指摘してみたところで、確信犯ですからあまり実践的な意味合いは乏しいでしょう。

制度もそうです。たとえば日本の放送法は政治的な中立を要請し、最近BPO（放送倫理・番組向上機構）は量的公平性ではなく質的公平性に注力すべきというメッセージを出しましたが、政治的な中立と、政権に対して批判的になるべき権力監視はときに矛盾するようにも思えます。

日本のマスメディアにおける過剰なまでの中立性信仰にはちょっと不思議なものがあります。一方で、たとえば「朝日、毎日は左で、産経は右」だとか「ＮＨＫとＴＢＳは左で、フジテレビは右」といったような認識がそれなりに幅を効かせている現状があるからです。本来、メディアが中立性や権力監視、あるいは意見表明にどのように重きを置くかは社会によって異なり、それを支える制度体系も異なるので、議論があってもよいはずですが、日本ではあまり聞きません。

なぜでしょうか。この現実は、決定的な転機によるものというよりは、やはりだらだらと複合的な要因のなかで形成されてきた慣習によって作られているのではないでしょうか。

戦前のメディアは翼賛体制に組み込まれて、総力戦体制の一翼を担っていました。戦争が終わってすぐに、そのあり方を反省しなければいけないということで新聞社は紙面と会社のあり方についての総括がはじまります。とはいえ、変化には時間がかかりました。新聞社の社長の交替一つとっても相当時間がかかったのです。占領体制のもとで、ＧＨＱ／ＣＩＥ（ＧＨＱに置かれた民間情報教育局）はプレスコードを設け、日本のメディアの検閲を行うようになりました。「言論の自由」は日本改革の一つの柱でしたが、完全な自由というわけにはいきませんでした。戦争の反省と、言論の自由がいわれながらＧＨＱに批判的な報道をすることもままならないなかで辿り着いたのが、建前として中立という日本的な報道のあり方です。

なおこうした言論の前提条件に関する日本と社会の無自覚さについて、たとえば文芸評論家の江藤淳は『閉ざされた言語空間』（文春文庫）や『一九四六年憲法』（文春学藝ライブラリー）などの著作において強いいらだちを表明しています。共感できるところもあります。

興味深いことに、新聞における言論活動を規制する法律は現代の日本にもあまりありません。一九四六年に自主的な組織として日本新聞協会が作られます。現在の倫理綱領を見ると、「国民の『知る権利』は民主主義社会をささえる普遍の原理である。この権利は、言論・表現の自由のもと、高い倫理意識を備え、あらゆる権力から独立したメディアが存在して初めて保障される。新聞はそれにもっともふさわしい担い手であり続けたい」という記述が目を引きますが、中立報道に重きを置いていることがわかります。

現在の新聞倫理綱領と二〇〇〇年に改正される前の旧綱領はその類似性がしばしば指摘されますが、こうした中立観は両論併記なども含めて現在に至るまで記者らの行動原理や、記事の構成を拘束しているといえそうです。メディアや政治が大きくその姿を変えているにもかかわらず、です。このことの無自覚さについてはもう少し議論があってもよいのかもしれません。

なおテレビは一九五〇年代に日本では普及期に入ります。面白いのはそのガバナンスです。日本のメディアと政治に詳しい政治学者エリス・クラウスの『NHK vs 日本政治』（東洋経済新報社）という著作などによると、資本関係などの影響もあって、テレビ局のガバナンスは新聞社のガバナンスを模倣して作られています。新聞と新聞社は日本でも戦前からの歴史があったため、それらを活用したということですね。

ここで重要かつ決定的ともいえるテレビと新聞をめぐる制度の違いは、テレビの場合、放送法の制約を受けることです。放送法第一条には、こう書かれています。

第一条　この法律は、次に掲げる原則に従つて、放送を公共の福祉に適合するように規律し、その健全な発達を図ることを目的とする。
一　放送が国民に最大限に普及されて、その効用をもたらすことを保障すること。
二　放送の不偏不党、真実及び自律を保障することによつて、放送による表現の自由を確保すること。
三　放送に携わる者の職責を明らかにすることによつて、放送が健全な民主主義の発達に資するようにすること。

そして、第四条にはより踏み込んだ記述が存在します。

第四条　放送事業者は、国内放送及び内外放送（中略）の放送番組の編集に当たつては、次の各号の定めるところによらなければならない。
一　公安及び善良な風俗を害しないこと。
二　政治的に公平であること。
三　報道は事実をまげないですること。
四　意見が対立している問題については、できるだけ多くの角度から論点を明らかにすること。

放送法という法律によって制約されるなかでテレビは、新聞以上に政治との距離に敏感なメディアになりました。さらに放送免許の更新を総務省が握っていることで、政治に対して弱腰にならざるをえないという事情もあります。九〇年代のテレビ業界を揺るがせた椿事件のように、潜在的に政治が放送局と対峙するとき権力の源泉になることもありました。アメリカの場合は、合衆国政府の独立機関である連邦通信委員会（ＦＣＣ）が放送免許の許認可権を持っています。日本ではそうなっていないこともまた、テレビが権力監視機能よりも不偏不党を重視する潜在的な要因になっていると思われます。

こうして日本のマスメディアは、実質はさておき、建前のうえでは、現在に至るまで権力からの独立や不偏不党を標榜するというちょっと不思議な、そしてわかりにくい状況が続いています。

報道のされ方と政治情報の受け取り方における変化

メディアと政治の現実に話を戻しましょう。(マス)メディアと政治の距離の近さも日本の特徴として挙げることができるかもしれません。メディアはときとして生活者よりもはるかに政治に接近し、その機敏に熟知します。最近はブラックな働き方として批判もされるようになってきましたが、日本のマスメディアの取材の中核となるのは、昼夜問わず記者が貼り付く「夜討ち朝駆け」です。

政治家や官僚の移動に同行したりしながら、長い時間をかけて信頼関係を築き、その信頼関係をもとにして他社よりも先んじてスクープをものにしようというわけです。記者クラブ制度があり、公式情報では横並びになってしまいがちなので、さらに、という意味合いもありました。しかし、そうすると本来は生活者の代理人であったはずの記者が、政治のほうに情が移るということもよく起きました。日本の政治史を紐解くと、政治記者から政治家になったり、政治のブレーンになるというケースは少なくありません。有名な例は産経新聞記者から佐藤栄作元総理の首席秘書官になった楠田實氏でしょうか。

最近はインターネットを使って、政治家や政党も直接情報を発信することができるようになりました。トランプ米大統領や橋下徹氏のツイッターに多くのフォロワーがいてその発言が物議を醸したりしています。しかしまだまだテレビを中心にマスメディアは大きな影響力を持っています。インターネットの普及以前はなおさらでした。マスメディアがなくては、政治も広く自分たちのメッセージを社会に伝えることができませんでした。なので、是々非々などといいながら、マスメディアに対して譲歩し、特別扱いしてきたところがあります。そうすることで自分たちの宣伝媒体として活用してきた側面もあるのです。報道番組や討論番組のみならず、バラエティ番組や情報番組に政治家たちが喜んで出演するのは、そこでウケることで、知名度と好感度を改善したいからです。政治の世界では「悪名は無名に勝る」などといわれたりもするくらいです。

このように権力監視の役割を持つはずのジャーナリズムと、政治の宣伝媒体というまったく相反するはずの要素が共存するのが現実のメディアなのです。筆者の考えでは二〇〇〇年代に入って日本のメディア環境は質、量ともに大きく変わりました。両者はやはり独立しておらず相互に影響するものですが、メディアの力学が変化しました。いうまでもなくインターネットが新しい主体として台頭し、存在感を増し、今後もその傾向は続きそうです。これはいい方を変えると、マスメディア、とくに後述するように、新聞の地位低下を意味します。日本の政治報道において、新聞は人材育成、取材や報道ノウハウの組織能力の蓄積、安定感でも抜きん出た存在でした。同時に、それらを集約した存在だっただけに、他のメディアで代替するに至っていません。ネットニュースは最近では新聞社から人材の引き抜きを行っています。

新聞記者の質と地位の変化についても、ベテランの新聞関係者からよく聞きます。長く新聞記者は「やくざな仕事」と見なされていました。政治家と切った張ったをしながら、酒とタバコ片手に二四時間三六五日記事のネタを対峙しているようなイメージです。今でもそんなイメージを持っている人がいるかもしれませんが、ちょっと時代にそぐわないようです。新聞社の人事の慣習といえば、就職すると全国の支局に飛ばされ、現場で仕事と向き合いながら記者としての腕を磨くというものでした。今ではそれが成り立たないといいます。入社した記者がやめてしまうので、本社研修を充実させるようになっているそうです。

メディアの量と質の変化が同時に起こっているなかで、「政治の報道のされ方」が変わってくるようになりました。さらにその結果、政治情報の受け取り方（リテラシー）の状況にも変化が生じています。しかも詳しくは後述しますが、政治はメディアを通して自らの主張やメッセージを伝える方法を高度化させています。資源を投入し、戦略と戦術を発展させています。

そのことがわれわれの認識に混乱をもたらし、「政治のわかりにくさ」に寄与しているというのが筆者の見立てです。

2 「慣れ親しみ」から「対立・コントロール」へ

（図１）

時期	慣れ親しみの時代（２０００年代以前）	移行と試行錯誤の時代（２０００年代）	対立・コントロール期（２０１２年、第２次安倍内閣以後）
メディアとの関係性	「慣れ親しみの関係」 ・長期的で、安定的な信頼関係の構築 ・政治とメディアの人材交流	「関係性の再構築」 ・連続する短命政権と、不安定な民意 ・長期の信頼関係構築のいっそうの困難	「対立・コントロール関係」 ・短期的な利害関係 ・相互に直接的な影響力の行使を追求 ・変化に敏感な政治優位
有権者との関係性	間接的（マスメディアを除く広報手段の限定）	ネットの普及、メディアの力学の変化のなかで、政治と有権者の直接対峙が可能に	戦略的意図をもってデザインされた直接、間接の関係性構築の追求
戦略の起点	属人的	個人と組織の併存	組織化と体系化（未完成）

以下において、政治とメディアの変容を展望してみることにしましょう。どこから始めるかは悩ましいですが、さしあたり九〇年代からはじめてみることにしましょう。国内政治においては選挙制度改革が始まり五五年体制の終焉もあり、メディアに目を向けてみてもインターネットの出現など変化の萌芽の時期でもあるからです。

筆者は現代の政治とメディアの関係を「慣れ親しみ」の関係から、「対立・コントロール」の関係へと変化する移行期にあると見ています（図1）。これは政治とメディアの関係が融合的で空気感を共有していた時代から、相互に直接的な影響力を行使し合おうとするような関係に移りつつあるという認識です。

慣れ親しみというと、だから日本のメディアはダメだという話になりがちですが、必ずしもそういうわけでもありません。機能することもあれば、機能しないこともあったという認識です。

政財官界に未公開株がばらまかれた一九八八年に発覚したリクルート事件があります。検察が立件を見送ったケースを当時の朝日新聞社の横浜支局が丹念に掘り起こし、疑惑を明らかにしました。メディア各社の後追い報道が続き、この事件は大きな社会問題になったのです。後追い競争というメディア習慣をとおして、メディアが政治に対する重しになることができた時代がありました。古い習慣のもとでもメディアが強力な権力監視機能、権力批判機能を時には持つことができたのです。

もちろんよくいわれるように政治との距離の近さが裏目に出たケースもあります。それが西山事件です。これは、一九七一年の沖縄返還協定をめぐる密約の存在をスクープした毎日新聞社の西山記者らが、取材上知り得た機密情報を漏洩したとして、国家公務員法違反容疑で逮捕された事件です。外務省の女性事務官と、今でいうダブル不倫の関係になり、女性に機密伝文を持ち出させたとされました。西山記者が情報を渡したのは社会党議員でした。本来、機密資料の入手先を秘すべきところ、判がついた状態で国会で資料として使ってしまったため、情報源がわかってしまったのです。これは、まさにメディアと政治が近しかったがゆえに起きたことでした。沖縄返還において日本側がアメリカに多くの便宜供与を図った疑惑について解明することが重要なのに、検察は女性事務官が記者にそそのかされたと焦点をずらしたメッセージを発し、メディアの関心も男女問題に動いてしまいました。本来問われるべき密約問題がうやむやになってしまったのです。

ちなみに、二〇〇八年に、作家やジャーナリストらがアメリカで公文書として閲覧できる密約文書の開示を、情報公開法に基づき請求します。不開示となったものの、その後、西山記者らが「沖縄密約情報公開訴訟」を提起し、民主党政権下で公開への働きかけがすすめられました。現在は、密約は存在したという見解が支持されています。リクルート事件と西山事件は、メディアと政治の慣れ親しみの関係のよし悪しに関する象徴的な出来事のように思えます。

もちろん現実の政治とメディアの関係は、ある年からきれいさっぱり変わってしまったというわけではありませんが、変化の起点はやはり九〇年代に見出すことができそうです。少し時代を下りながらメディア環境の変化を確認していくことにしましょう。

ユーザー・インターフェイスが改良されコマンド入力がほとんど必要なくなり、インターネット接続を容易なものとしたマイクロソフト社の Windows95 が発売されたのが一九九五年のことでした。

二〇〇〇年代に入ってブロードバンドが普及します。画像や動画などの利用が容易なものになりました。

もう一つ看過できないのは、インターネットに接続可能な携帯電話の登場です。一九九九年のNTTドコモの「i－mode」のサービス開始を皮切りに日本の携帯電話各社が先鞭をつけ、世界的に普及します。パソコンを使わなくとも、インターネットに接続可能になり、その後、ハードウェアはAppleのiPhoneとGoogleのAndroid陣営のスマートフォンに取ってかわられましたが、携帯電話で利用できるサービスはますます高度なものになっています。

日本においてはそれはどのような現状なのでしょうか。

インターネットとソーシャルメディアの普及、そして情報環境における存在感の拡大は世界各国で見られる状況ですが、インターネット、なかでも容量の大きなブロードバンドや高速接続可能なモバイル回線の普及が遅れていた日本でもこの間普及が進み、それによって日本の情報環境も大きく変わろうとしています。要するに量で見たときに、インターネットの存在感が一躍大きなものになりつつあるということです。

(図2)

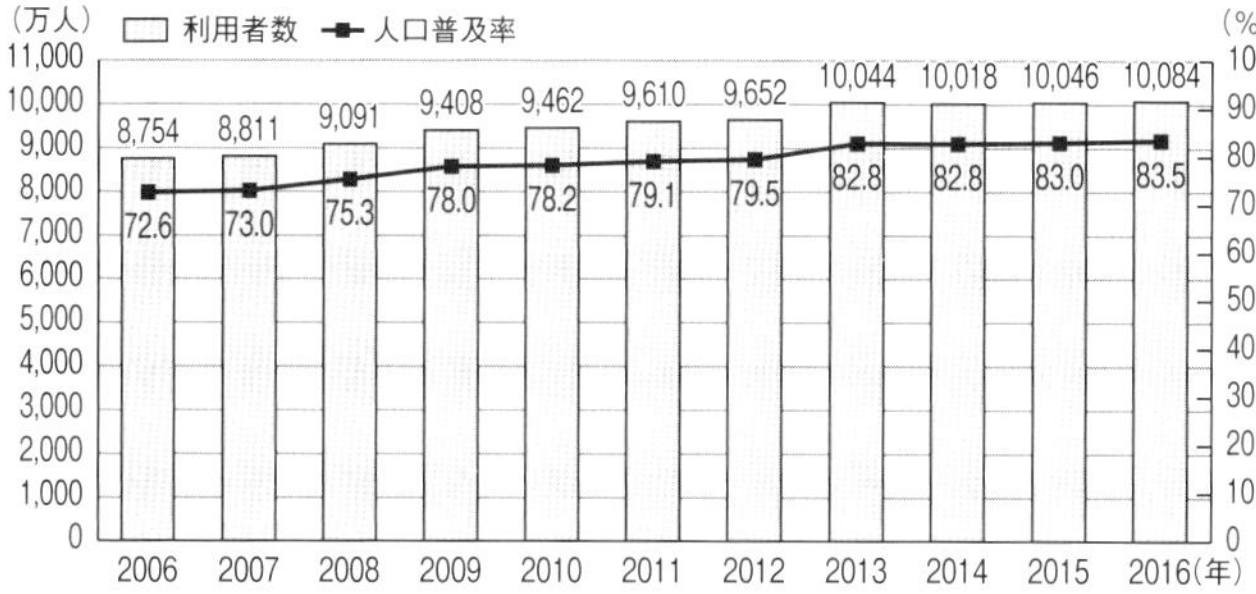

(図3)

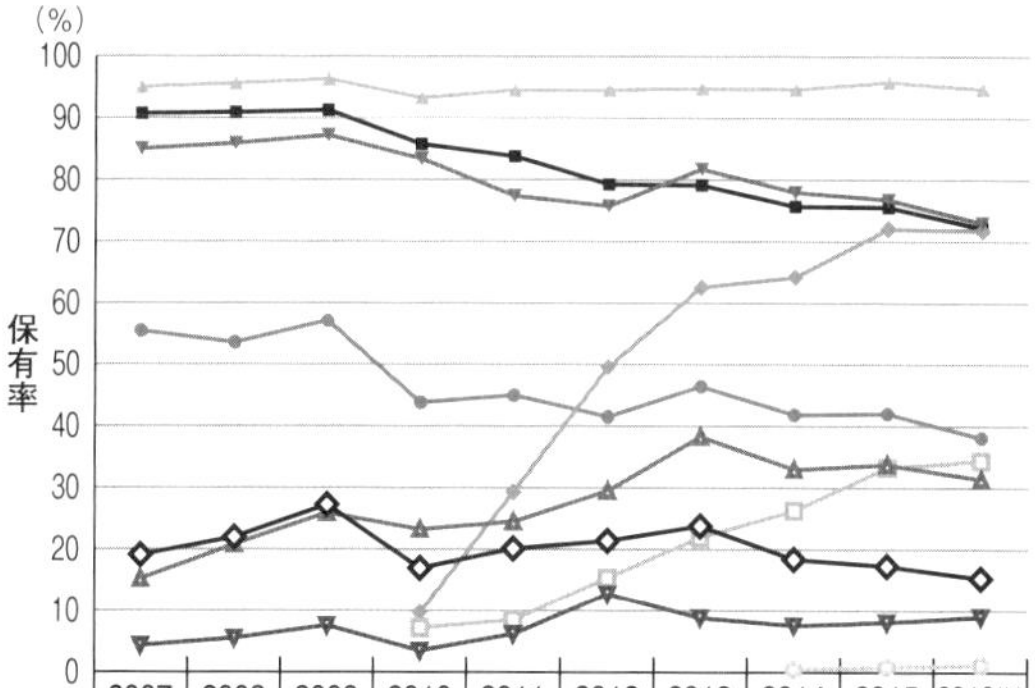

	2007 (n=3,640)	2008 (n=4,515)	2009 (n=4,547)	2010 (n=22,271)	2011 (n=16,530)	2012 (n=20,418)	2013 (n=15,599)	2014 (n=16,529)	2015 (n=14,765)	2016(年) (n=17,040)
固定電話	90.7	90.9	91.2	85.8	83.8	79.3	79.1	75.7	75.6	72.2
FAX	55.4	53.5	57.1	43.8	45.0	41.5	46.4	41.8	42.0	38.1
モバイル端末全体	95.0	95.6	96.3	93.2	94.5	94.5	94.8	94.6	95.8	94.7
スマートフォン	–	–	–	9.7	29.3	49.5	62.6	64.2	72.0	71.8
パソコン	85.0	85.9	87.2	83.4	77.4	75.8	81.7	78.0	76.8	73.0
タブレット型端末	–	–	–	7.2	8.5	15.3	21.9	26.3	33.3	34.4
ウェアラブル端末	–	–	–	–	–	–	–	0.5	0.9	1.1
インターネットに接続できる家庭用テレビゲーム機	15.2	20.8	25.9	23.3	24.5	29.5	38.3	33.0	33.7	31.4
インターネットに接続できる携帯型音楽プレイヤー	19.1	22.0	27.3	17.0	20.1	21.4	23.8	18.4	17.3	15.3
その他インターネットに接続できる家電（情報家電）等	4.3	5.5	7.6	3.5	6.2	12.7	8.8	7.6	8.1	9.0

上：総務省「インターネットの利用者数及び人口普及率の推移」
右：総務省「情報通信端末の世帯保有率の推移」
いずれも平成二九年版 情報通信白書

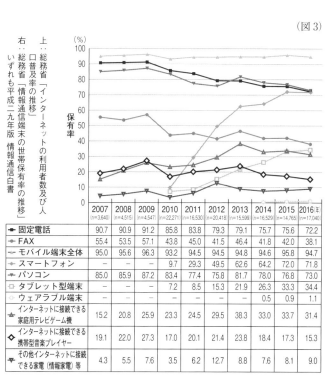

総務省の「平成二九年版 情報通信白書」は、二〇〇〇年代以後、インターネットの人口普及率、利用者数は微増傾向で、普及率は過去一〇年でおよそ一〇ポイントの上昇を見せ八三・五%に、利用者人口はおよそ一億人に至ったと紹介しています（前頁図2）。

同白書は情報通信端末の世帯保有率の推移も紹介しています。二〇一〇年の調査からスマートフォンの項目が設けられて以来、スマートフォンの世帯保有率は急伸する一方で、対象的に固定電話とパソコンの世帯保有率は低下のトレンドにあることを紹介しています（前頁図3）。

スマートフォンと従来型のフィーチャーフォンの差異は、利用可能なソフトウェア（アプリ）の多様性であり、なかでも情報発信をも可能にするソーシャルメディアの存在は看過できません。即時性、伝播性、相互浸透性など新しい特徴を持っているということがいえるでしょう。

同白書は代表的なソーシャルメディア六種類の利用状況についても紹介しています。二〇一六年には七一・二%の利用率で、若年世代を中心にしつつも幅広い世代が何らかのソーシャルメディアを利用している様子が窺えます（図4）。

もう一つ、この点、後述しますが、メディアに対する信頼の変化も重要です。日本の場

（図4）

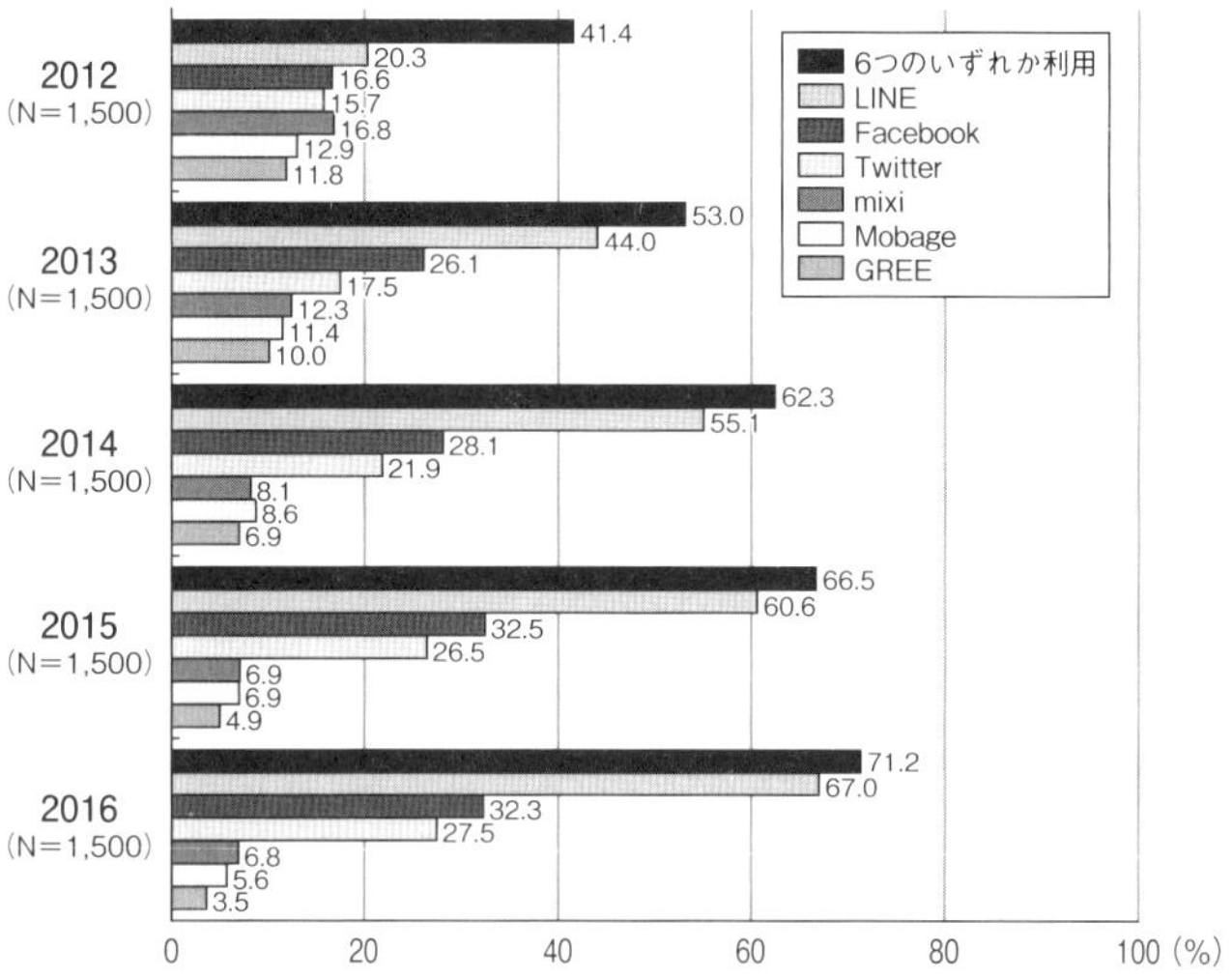

総務省「代表的SNSの利用率の推移（全体）」平成29年版 情報通信白書

合、長く新聞が「信頼できるメディア」として、テレビが「速報的なメディア」として事実上、相互に影響しながらも役割分担してきましたが、変化の傾向が窺えます。

　総務省の「平成二八年版 情報通信白書」は最近の日本におけるインターネットメディアの信頼性について以下のように描いています。

> 　我が国では、「いち早く世の中のできごとや動きを知る」で最もインターネットを利用すると回答した者が五三・四％であるのに対し、「信頼できる情報を得る」で最もインターネットを利用すると回答した者は二

九・〇%となり、対照的にテレビを最も利用する者が四〇・五%、新聞を最も利用する者が二一・二%となっている。(総務省 二〇一六)

要するにテレビが信頼できる情報を得るメディアとしての地位を獲得し、次いでインターネットがきて、新聞は信頼できる情報を得るためのメディアという点でもそれらに劣ると受け止められるようになってきたわけです(図5)。メディアの性質として新聞はどうしてもテレビやインターネットに速報性ではかないませんが、将来的にどのようなメディアとして存続していくことができるのか少々危ぶまれる気もします。

その意味では残念ながら、将来新聞がジャーナリズムを担うことは難しいのかもしれません。経験的に四〇代前半より下の世代は、全体として新聞を定期的に読んでいる習慣がないように感じます。若手、中堅のビジネスパーソンで新聞紙面を共通の話題にできた記憶がほとんどないからです。新聞の強みは購読習慣にありました。朝夕と配達され、いつも家にあるからみんなが読んでいたのです。人と話題に合わせるために読み、新聞に書いてあることはそれなりに信頼してもよさそうだという共通感覚がかつてはあったはずです。

しかし購読習慣のない人が、あるときを境に突然、新聞を読み始めたりすることはあま

(図5)

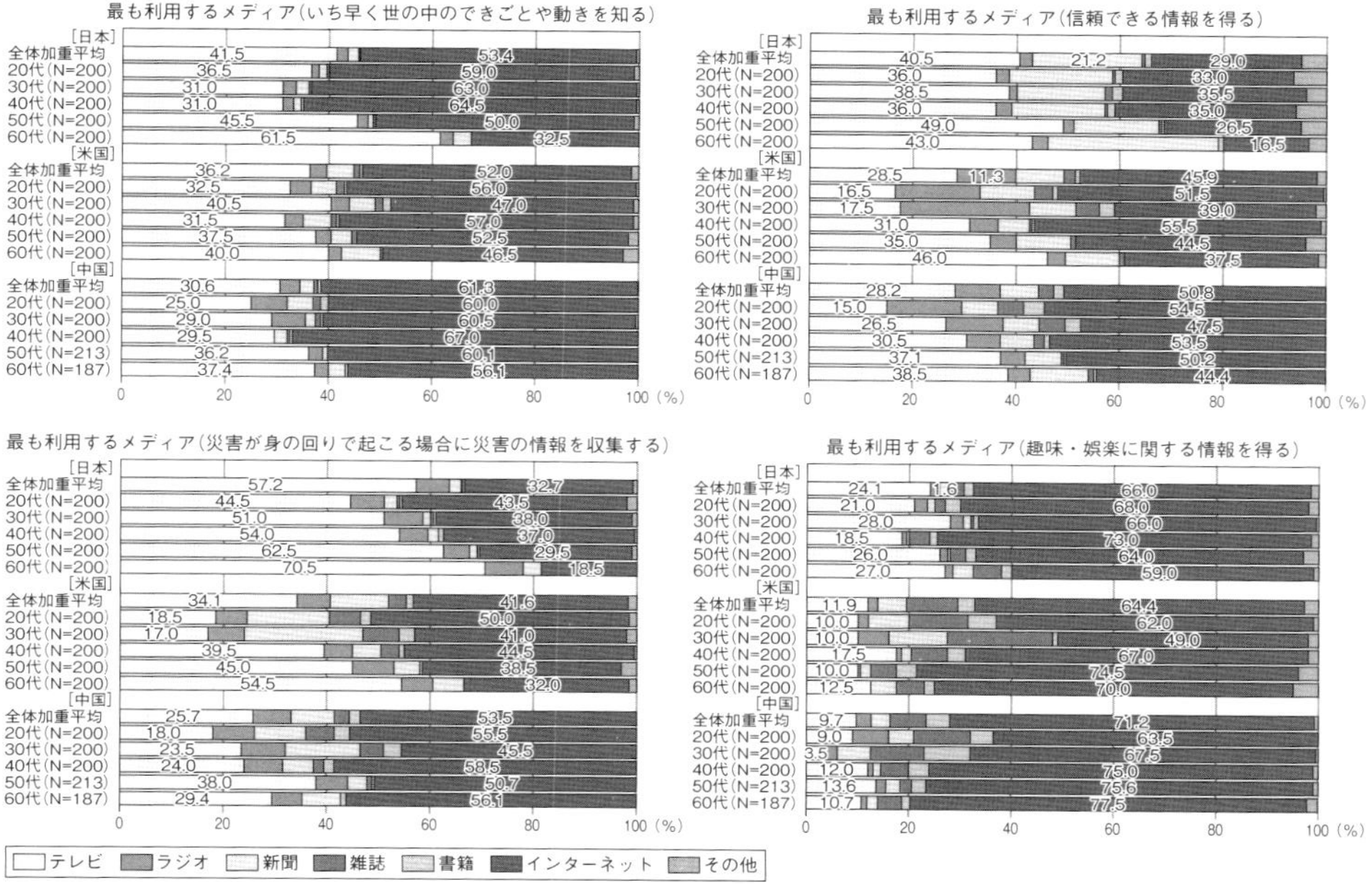

総務省「最も利用するメディアの各国比較」平成28年版　情報通信白書

り多くはないでしょう。周囲も読んでないのであればなおさらです。

よきにつけ悪しきにつけ彼らの世代にとっては、ニュースといえばネットニュースのことなのではないでしょうか。たとえばYahoo! やNewsPicksやAmebaなどのネット系メディアの勢いはすさまじく、Netflix、Amazonの独自コンテンツのテレビＣＭなども存在感を見せています。エンターテインメントにせよ、報道やジャーナリズムにせよ、ネットメディアの力の入れ方、投資は目を見張るものがあります。新聞の威光はすでになくなっているのです。とくに全国紙は不動産収入など副業もありますから、突然潰れたりすることは幾つかの会社を除いてないかもしれませんが、メディアとしての影響力と地位を取り戻すにはよほど大きな変革が必要でしょう。

「メディアの力」ということでいえば、広告費はどうでしょうか。電通が媒体別の広告費の推計を行っています（図6）。

二〇一四年から二〇一六年のデータですが、この期間だけで見ても新聞、雑誌が顕著に広告収入を落とし、テレビがほぼ横ばい、インターネットが伸ばしていることがわかります。メディアの商業的価値という観点では、すでにインターネットはマスコミ四媒体と比較してテレビに次ぐ規模感を担っていることがわかります。

(図6)

媒体＼広告費	広告費（億円）			前年比（%）		構成比（%）		
	2014年（平成26年）	15年（27年）	16年（28年）	2015年（平成27年）	16年（28年）	2014年（平成26年）	15年（27年）	16年（28年）
総広告費	61,522	61,710	62,880	100.3	101.9	100.0	100.0	100.0
マスコミ四媒体広告費	29,393	28,699	28,596	97.6	99.6	47.8	46.5	45.5
新聞	6,057	5,679	5,431	93.8	95.6	9.8	9.2	8.6
雑誌	2,500	2,443	2,223	97.7	91.0	4.1	4.0	3.5
ラジオ	1,272	1,254	1,285	98.6	102.5	2.1	2.0	2.1
テレビメディア	19,564	19,323	19,657	98.8	101.7	31.8	31.3	31.3
地上波テレビ	18,347	18,088	18,374	98.6	101.6	29.8	29.3	29.2
衛星メディア関連	1,217	1,235	1,283	101.5	103.9	2.0	2.0	2.1
インターネット広告費	10,519	11,594	13,100	110.2	113.0	17.1	18.8	20.8
媒体費	8,245	9,194	10,378	111.5	112.9	13.4	14.9	16.5
広告制作費	2,274	2,400	2,722	105.5	113.4	3.7	3.9	4.3
プロモーションメディア広告費	21,610	21,417	21,184	99.1	98.9	35.1	34.7	33.7
屋外	3,171	3,188	3,194	100.5	100.2	5.1	5.2	5.1
交通	2,054	2,044	2,003	99.5	98.0	3.3	3.3	3.2
折込	4,920	4,687	4,450	95.3	94.9	8.0	7.6	7.1
DM	3,923	3,829	3,804	97.6	99.3	6.4	6.2	6.0
フリーペーパー・フリーマガジン	2,316	2,303	2,267	99.4	98.4	3.8	3.7	3.6
POP	1,965	1,970	1,951	100.3	99.0	3.2	3.2	3.1
電話帳	417	334	320	80.1	95.8	0.7	0.5	0.5
展示・映像ほか	2,844	3,062	3,195	107.7	104.3	4.6	5.0	5.1

電通「2016年 日本の広告費－媒体別広告費」
2014年より、テレビメディア広告費は「地上波テレビ＋衛星メディア関連」とし、2012年に遡及して集計した

信頼をそこなう事件の多発

ところで九〇年代に入って、マスメディアに対する人々の不信感が募るような事件が相次ぎます。

とくに朝日新聞の信頼は大きく揺らぐことになりました。一九八九年にはカメラマンが沖縄の珊瑚を傷つけた記事捏造事件があり、二〇〇五年には長野県の田中康夫知事に実際には取材していなかったにもかかわらずインタビューメモを基にした記事が作られるという事件が起きました。また記憶に新しいのは、二つの「吉田」事件です。原発事故をめぐる「吉田調書」報道、そして従軍慰安婦の強制連行をめぐる「吉田証言」の報道のあり方について、非難が集まりました。朝日新聞は日本におけるクォリティーペーパーと目されてきましたが、相次いでこうした事件が生じたことで信頼性が毀損されたように見えます。信頼が揺らぐような出来事は実際には朝日だけではなく他社でも起きていて、新聞社は取材や人材育成のノウハウがあり、またそれなりの規模で取材にコストを投じてきたこともあって、相対的には安定しているのですが、人々の新聞に対する信頼感情を毀損したのです。またネットメディアの普及によって、「新聞には書かれていない真実がネットには存在している」というまことしやかで真偽不明な情報を真に受ける人たちも、一定数生まれているように思えます。

新聞だけではありません。テレビのやらせ問題も続々と報じられました。代表的なのはフジテレビ系番組『発掘！あるある大事典』です。納豆がダイエットによいという主旨の番組のなかで、データが改ざんされていました。このように、真実を報じていないのではないかと疑わせる出来事が度重なり、質量ともに伝統的なマスメディアの影響力が衰えていきます。最近ではLGBTの人たちに不快感を持たせたりするような古い番組の企画を復活させたりするなど、やはりメディアの品格が問われるような出来事も起きています。

日本は量で見ても、質で見ても、読者からの信頼度で見ても名実ともに新聞大国でした。新聞発行部数は世界ランキングの上位を独占しているのです。一位が読売新聞で約一〇〇〇万部、二位が朝日新聞で約七五〇万、三位が毎日新聞で約三三〇万です（二〇一三年）。他にも一〇〇万部以上の発行部数を誇るブロック紙もあります。

テレビについても、キー局がつくったコンテンツを放送するのが常態化しています。一〇%台前半ぐらいの視聴率を持つ夕方の情報番組や夜のニュースになると、数百万人から一〇〇〇万人近くの視聴者がいることになります。

日本では、新聞とテレビが政治取材のノウハウを独占してきたことやそのあまりに大きな影響力もあって、新しいジャーナリズムが定着しにくい状況が続きました。幾度か、海外のネットジャーナリズムの「輸入」が試みられましたが、なかなかうまくいっていません。

新聞とテレビに抑えられるようなかたちで、日本では長い間インターネットはまともなジャーナリズムのためのメディアだとは認識されていませんでした。それどころか、最近でこそ変わりつつありますが、言論の主たる媒体だとも考えられていなかったといってよいでしょう。実績を持つジャーナリストや研究者、さまざまな分野のプロがインターネットで論考をのせたり、発言したりすることは今でもあまりありません。欧米では、ノーベル賞をとったアメリカの経済学者ポール・クルーグマンや法学の大家キャス・サンスティーンのように、ブログを通して論戦を戦わせることも珍しくなくなっています。しかし、日本ではどうでしょうか。同じノーベル賞受賞者の山中伸弥氏は、研究資金を得るためにクラウドファンディングによって寄付を募ることはあっても、オピニオンをブログで発信したりすることはあまりありません。

マスメディアにおいて、新聞の凋落が顕著であるなかで、こうした従来の力学は変わっていくのではないでしょうか。ただし、後述する政党のメディア戦略などもあり楽観視は困難です。

ざっとここまでメディア環境の二〇年を振り返ってきましたが、日本の情報環境においてインターネット、なかでもソーシャルメディアの存在感は年を経るごとに質量ともに増加しています。メディアの下部構造の変化を感じさせます。

このようなメディアの変化は、情報の川上側にあたる政治とメディア、さらに情報の受け手である利用者にどのような変化をもたらしたのでしょうか。質的な側面と歴史的な側面、政治の情報発信の変化、受け手のリテラシーの変化という順番で見ていくことにしましょう。

政党のメディア戦略

メディア環境が変化するなかで、政治はどのようにメディアと向き合ってきたのでしょうか。以下で取りあげるのは政治のメディア戦略、情報発信戦略です。

メディアと政治の関係性の前提に変化が生じる一つのきっかけは、一九九六年の衆議院議員総選挙からの小選挙区制導入でした。小選挙区制になってからというもの、選挙区から選出される議員がその時々で変わるようになりました。小選挙区制はその時々の民意の風向きの影響を強く受けます。

また場合によっては比例復活もありますが、一つの選挙区から一人しか当選できない原則ですので、当落の入れ替わりが激しくなりました。その結果、昭和の時代のように政治記者が一人の議員と長く、密な時間をかけて信頼関係を構築することが困難になっていきました。昭和の時代に代表される慣れ親しみの日本型ジャーナリズムの前提が変化したのです。また候補者の公募制の導入などで、若手中堅のビジネスパーソンらが政治の世界に入ってくるようになって以来、古い政治とメディアの付き合い方が好まれなくなってきたという話も耳にします。

こうしたメディア環境の変化にいち早く対応したのは、政治サイドでした。政治とメディア戦略の変化については、拙著『メディアと自民党』で詳しく論じましたが、改めて概観してみましょう。

メディアの状況に応じて、政党も積極的にメディア戦略を高度化させるようになっていきました。自民党は、一九九〇年代後半から、新しいアプローチの模索を始めました。九〇年代は、政治とカネの問題や、五五年体制の終わりと非自民連立政権の誕生などによって、自民党に対する信頼感が損なわれた時代でした。小選挙区制の時代に応じたメディア対応が模索されるようになったのです。

当時、特に女性と若年世代の自民党に対する支持が離れていました。好感度を取り戻したいと考えた自民党は、電通の力を借りて、マーケティングの手法を積極的に導入していくようになります。女性誌への広告出稿、広告の印象に関するグループ・インタビューなどを模索したようです。一九八四年の田原総一郎氏の著書『電通』（朝日新聞社）に詳しいように、自民党と電通の関係は一九五〇年代からすでにあったようですが、この頃からビジネスやマーケティングの世界の手法を積極的に取り入れ始めたようです。

二〇〇〇年代に入って、民主党の存在感が大きくなっていきます。勢いもあったといってよいでしょう。当時の民主党は、新しい試みに積極的な政党でした。たとえば、ネット選挙運動の解禁を主張していました。新聞などの古いメディアとつながっている自民党に対して、新しいメディアであるインターネットを活用して支持を増やすことに積極的だったのです。

自民党のみならず民主党もまたマーケティングやＰＲの手法を取り入れようとしました。フライシュマン・ヒラード・ジャパンという外資系ＰＲ会社や博報堂と組んで、イメージ戦略の現代化をはかります。メディアに出る際には、どのような話し方が視聴者の好感に結びつくか。どんなデザインや色のスーツが、どんなフレームのメガネがよいか。政策を伝えるマニフェストのデザインをどうすべきか……。有権者の感情に訴えかける戦略と戦術を模索したのです。

民主党は地方政治から始まったマニフェストをいち早く取り入れました。「具体的な政策で、新しい風を巻き起こす、政策で勝負するのが民主党」。そんなイメージをつくろうとしていたのです（メディア、マーケティングと政党の関わりについて詳しく知りたい読者は、拙著『ネット選挙とデジタル・デモクラシー』ＮＨＫ出版、等を参照。フライシュマン・ヒラード・ジャパンの田中愼一氏のインタビュー等も収録）。

このように、二〇〇〇年代の前半は与党も野党も新しいメディア戦略に熱心で、その意味で競争関係が生じていました。

そして現政権の主要な人物は、二〇〇三年にもうけられた党改革検証・推進委員会で、広報戦略の改善、選挙への活用に携わっていた人たちが中心です。安倍首相を筆頭に、「『美しい国づくり』プロジェクト」を推し進めた世耕弘成経産相しかり、第一次安倍内閣では官房長官を、第二次安倍内閣では厚労大臣を務めた塩崎恭久氏しかりです。

世耕弘成氏の著作『プロフェッショナル広報戦略』（ゴマブックス）や『自民党改造プロジェクト650日』（新潮社）によれば、当時の刷新した自民党広報戦略の一つの成功事例は、二〇〇四年、自民党の現職議員の汚職に端を発した埼玉八区の補欠選挙でした。埼玉県連が候補者を擁立できず、自民党本部に差し戻した際、新しい方法をいろいろと試しました。今でこそ頻繁に行われるようになった候補の公募制も用いられています。自民党候補でありながら市民派風選挙を演出する異例の試みでした。そこで候補に選ばれたのが、当時弁護士だった柴山昌彦氏です。柴山氏は、ＰＲ会社の協力を得てイメージ戦略をつくり、眼鏡をコンタクトレンズに変えエリート的な印象の軽減につとめたり、自転車で街を回ったりするなど市民派を演出した結果、見事当選したのです。

辛酸をなめた自民党の一念発起

さて、郵政解散でわく二〇〇五年、当時の小泉純一郎総理にはプラップジャパンというPR会社がつきました。先代社長の矢島尚氏の著作『PR会社の時代』（東洋経済新報社）によれば、小泉元総理の身ぶり手ぶりに至るまで、プラップジャパンと戦略を立てたといいます。どこまで企業の介入によるものかは検討の余地がありますが、小泉総理の天性の政治感覚、言語感覚とうまく合致して、「郵政民営化は是か非か」という争点の置き方も含めてうまく機能しました。小泉自民党はこの選挙に大勝します。

郵政選挙含めて、自民党にとってはここに至るまでの物事が成功体験として刻まれることになりました。それゆえそれまでのアプローチを継承し、その後も継続的に広報手法を改善していこうとします。

表裏一体に、民主党にとっては、郵政選挙は失敗体験として記憶されることになりました。議席を多く失い、戦犯探しを行います。フライシュマン・ヒラード・ジャパンもまた民主党との契約を解除されることになりました。

民主党のメディア戦略の優位性は、この時期をもって終わってしまった印象が拭えません。インターネット選挙運動に熱心だった民主党ですが、鳩山内閣のもとで与野党合意にまで達して、あとは立法するだけというところまで行ったにもかかわらず、鳩山氏が沖縄基地問題で政権を投げ出したことで一旦廃案になりました。以後、解禁すると自分たちに対して否定的な反応がわき起こりそうだといって、棚上げしてしまうのです。二〇〇〇年代前半に解禁を主張していた民主党の議員らも「今はその時期ではない」などと言い始めるようになり、すっかり及び腰になりました。

野党になった自民党は、メディアによる扱いに愕然としたと聞きます。長く与党として君臨していた党の本部は、常にメディアで埋め尽くされていました。一挙手一投足がメディアにさらされているのが当たり前だったのに、閑古鳥が鳴くようになりました。そのことに対して、自民党は危機感を覚え、インターネットの活用について積極的になっていったのでしょう。自らプロモーションしなければいけないというモチベーションにつながったようです。ネットで活動する自民党公認のボランティア組織「自民党ネットサポーターズクラブ」が生まれたのも、このような背景があったように思います。

当初、自民党はネット選挙運動に対してあまり肯定的ではありませんでしたが、二〇一二年一二月の衆議院選挙のあと、年明けすぐ安倍総理や自民党執行部が全面解禁しようと言い出します。そして、それまで棚上げにしてきた野党も追従し、公職選挙法が改正されました。その年の参議院選挙にはもう、ネット選挙が初めて国政選挙に利用されることになります。

自民党は着々とその準備をすすめてきたことがわかっています。二〇一三年の七月の参議院選挙のときには、ネット選挙運動解禁に向けて、自民党本部の中に「Truth《トゥルース》 Team《チーム》（T2）」がつくられます。これは、電通が受け皿になって、さまざまなIT企業やソーシャルメディアの企業で構成されたチームでした。

T2はマスメディアとインターネットメディアの総合的な情報を収集、評価、分析を行い、実践的な知見を各陣営にフィードバックする組織でした。たとえば、ネットのトレンドや話題のキーワードについて、その評価がポジティブなものかネガティブなものかをモニタリングします。そしてそこから取り出したインサイト（知見）を提供します。たとえば街頭演説の場でどういうメッセージを出すとポジティブな影響を与えるのかを分析し、各選挙対策委員会や議員たちに、すぐ使えるかなり具体的なかたちに落とし込んでiPa dとFAXを使って通達しました。

例をあげましょう。二〇一三年は、福島原発の事故のあと、原発再稼働の是非の議論が活発にかわされていた時期でした。T2は、「原発の再稼働問題は安全確認が第一で、原子力規制委員会の判断を尊重することを強調」と議員に通達しています（T2「定常リポート」二〇一三年七月一三日版より）。直接「再稼働」という言葉を使わなくて済む方法をメッセージとして伝達していたのです。

その他にも、たとえば、季節のキーワードと例文が通達されています。例文を丸暗記しておけば、政治に不慣れでも、政局のことがわかっていなくても、政策について理解していなくても、即席で選挙運動できるのです。

周知の通り、この選挙では自民党が大勝しました。もちろんネット対策だけが効いたのではなく、民主党政権に対するバックラッシュも強かったがゆえの結果でしょう。しかし、このようなことが水面下で行われていたことは、あまり知られていませんでした。ただし自民党はこのことを隠していたわけではなく、むしろ記者会見を行ったり、報告書をマスメディア向けに配布したりしていました。T2は解散したものの、当然自民党広報の中に知恵が継承されており、以後、現在に至るまで、似たようなことが恒常的に行われているということも知っておいてよいと思います。

自民党のみならず当時の衆議院主要五政党が、有権者に対する積極的な働きかけをすでに行っていました。二〇一六年に各政党の広報部などに取材しながら、論文を書きましたが、公明党の場合は、党内にイントラネットを構築して、職員と議員の情報共有を可能にしています（「自前メディアの活用、市民との協働……高度化した政治の情報発信の陥穽とは」『Journalism』二〇一六年一二月号）。議会でよい質問をしたら、その情報を共有して、他の議会でも使えるようにしたり、ウェブサイトを構築するための素材をイントラネットにアップし、共有できるようにしたりしています。野党共闘を強く打ち出す日本共産党は、それを市民共同で現実化させるべく、共産党関係の協力会社にデザインさせていた広報物を個人のデザイナーや若い世代の力をかりることで伝統的な共産党色を消しています。そして彼らの協力のもと、ソーシャルメディアでの情報発信も行うようになっています。政治の側がメディア戦略を積極的に行っていたのです。政治がわれわれの好感度と支持を獲得するべく戦略と戦術を磨き、多様な働きかけを行っているという現実はもっと認識されてもよいと思います。要するにわれわれが見ている政治の姿は、必ずしも「政治の本当の姿」ではなく、政治が作り出す「政治が有権者に見せたい姿」かもしれないのです。

筆者の見立てでは、政治とメディアを比較したときに政治のほうがいち早く進化しているように思えます。前述のように日本の政治ジャーナリズムは新聞を中心にマスメディアがその中核でした。その一方で、その政治ジャーナリズムはメディアの変化の影響をうけるかたちで存在感が乏しくなっています。政治家と政党はまさに職となりわいがかかっていることもあって、多くの資源を投入して継続的に組織能力を発展させています。今のところ政党でいうと、投入する資源量や広報部門の専門性、関連する議員の理解度等を総合した組織能力としては、自民党が頭一つ抜きん出ている状態です。今後、他の野党はどうするのかが問われます。

公職選挙法とメディアの整合性についての課題

ここまで政治とメディアの関係を概観してきましたが、「政治のわかりにくさ」ということで政治、とくに選挙とメディアの関係に影響する公職選挙法を中心とする制度についても少し言及しておくことにしましょう。ネットメディアの存在感が高まるなかで、二〇一三年の公職選挙法改正によって、日本でもインターネット選挙運動がかなり広範囲にわたって認められるようになりました。ですが、先にも少しお話ししたように、急速に制度変更が行われたため、課題を残しています。

ちなみに日本の選挙運動というのはかなり独特です。公職選挙法という法律で、投票を呼びかける選挙運動を一律に制限したうえで、選挙の種類によって異なりますが、だいたい二週間前後においてのみ選挙運動を認めるという形態をとっています。

それではそれ以外の期間に、たとえば駅の前で政治家が演説している活動は何なのでしょうか。それらは政治活動と呼ばれています。ですので、よくよく聞いてみると、公職選挙法に違反する投票の呼びかけなどは行っていないはずです。細かなテクニック（？）があって、普通に聞くと「投票を呼びかけているようだな」と連想してしまうようなことはあると思いますが、ぎりぎり違法行為は回避しているはずなのです。

その他にも箸の上げ下ろしに至るまで、というのは比喩ですが、複雑かつ大量の規制が存在します。

「政治がわかりにくい」「選挙がわかりにくい」のは、公職選挙法という複雑なルールを定めた制度に少なからず原因があります。概要と経緯を紹介します。

公職選挙法は、一九五〇年に衆議院議員選挙法、参議院議員選挙法、そして地方自治法の中にあった選挙に関する規定を集めるかたちで作られたものです。二〇一三年のインターネット選挙運動の解禁のように、細目の改正は繰り返し行われてきたものの、法の理念に関わる部分についてはほぼ一貫しています。

もともと公職選挙法は金権政治防止に主眼を置いてつくられた法律でした。一九五〇年といえばまだ敗戦の影響が色濃く残り、物資も不足している時代です。選挙キャンペーンに必要な資材を買い集めることのできる資金力のある人に有利に展開してしまう危機意識が、この法律の根底にありました。そのため、ビラやポスターの枚数やサイズなどに対する決まりがあるだけでなく、ビラにもポスターにも証紙を貼るように規定されています。

言うなれば「均質な公平性」が公職選挙法には残っているのです（拙著『ネット選挙』東洋経済新報社、等参照のこと）。選挙活動の基本的な道具立てを候補者誰もが同じように持っているということが、大事でした。ビラやポスターや証書といったものに規定をつくり、選挙活動を同じ条件で闘うことができる。この均質な公平性こそが、日本的な公平性だったのです。

ちなみに、アメリカでは選挙運動は言論の自由の象徴と見なされています。権利章典の最重要事項として冒頭で規定される言論の自由とされるがゆえに、政治資金については一定の制約が課されているものの、広く選挙運動の自由が認められています。日本では金権政治と人海戦術の可能性を考慮して禁止されている戸別訪問も認められていて、むしろ選挙運動の基本とされています。新しい技術をふくめたさまざまな方法を選挙キャンペーンに取り入れるのが当たり前です。あらゆる手段を尽くし、最後まで残った主張や候補者こそが勝利者という発想があるアメリカ型の選挙運動は、たとえるなら急所攻撃以外は何をやってもよいという総合格闘技です。日本はグローブの重さや試合のルールを細かく定めたボクシングのようなものと表現できるでしょうか。

どちらの制度がよいのか単純に比較することはできません。選挙制度ですから、社会や政治の諸習慣とも深く結びついていますし、一長一短あります。

しかし、少なくとも近年日本の選挙において、整合性やバランスの課題は顕著になっているように思われます。

やはり公職選挙法の改正に伴うインターネット選挙運動が関係します。

たとえば選挙運動に電子メールを利用することは規制されています。ここでいう「メール」というのは、送信メールサーバーを経由しているか、電話番号等を使ったいわゆるショートメッセージをさしています。総務省は、密室性が高いコミュニケーションゆえ選挙違反が起きやすいとしてメールを禁止する一方で、ＳＮＳはインターネット等を用いた選挙運動の一種に該当するとしてその利用を認めています。

しかしすぐに気がつくことと思いますが、ＬＩＮＥでのコミュニケーションも密室性の高いコミュニケーションではないでしょうか（ときどき流出してマスメディアを賑わせていますが……）。またグループをつくれば、大規模な送信もできてしまいます。利用実態としてはほとんどメールと変わらないどころか後発サービスだけに高機能のようにも思えます。

また、ツイッターもインターネットサービスですから、選挙運動期間中に何回ツイートしようが問題ありません。同時にウェブサイトやブログを何回更新しようが、これもまた問題ありません。それでは、なぜビラやポスターの枚数には制限がかけられていて、なぜ証紙を貼らなければいけないのでしょうか。

若い世代には、ビラよりもインターネットで直接呼びかけた方がよく届くのではないでしょうか。リツイートや転送も容易ですし、当然タダですから、ビラやポスターよりもよっぽど影響がありそうです。

加えて公職選挙法は、テレビの選挙運動への利用は原則として禁止しています。また前述の放送法は伝統的な放送を規制の対象としています。そのなかで「文書図画」に区分されるインターネットの動画サービスは、公職選挙法も放送法も適切に規制できていない現状があります。

PV（ページヴュー）は累積の視聴者数で、視聴率はサンプル調査ですから、単純にPVと視聴率を比較することはできませんが、ちょっと参考までに考えてみましょう。テレビの場合、視聴率一％当たり、数十万人から一〇〇万人の視聴者がいるとされています。時間帯にもよりますが、一〇〇％近い視聴率の情報番組には一〇〇〇万人規模の視聴者が存在している計算です。

確かに、その規模に迫るネット配信番組は日本には今のところ少ない、というかほとんど存在しないでしょう。それでもAbemaTVやニコニコ生放送などは、番組当たり一〇万人オーバーのPVを記録することがあります。

テレビの地方局と比較したとき、AbemaTVやニコニコ生放送の番組のほうが今後視聴者が多くなってくるということも考えられます。AbemaTVはテレビ朝日が深く関わっていることもあって、とくに報道やニュースは今のところテレビ朝日に準じる運用がなされています。しかし、放送法は伝統的に放送事業者を規制するため、新興のインターネットメディアについては特に制限がないままです。

難しい問題ですが、放送と通信の融合やメディアの力学を見据えたうえでの議論が必要だと思います。

ちなみに、アメリカでもかつては日本のような政治とメディアの不偏不党性に一定の配慮がなされていました。ところが一九八七年に「公正原則」を撤廃し、以来、放送局も政治的な立場を明白にし、特定の候補を応援したり批判したりするというスタンスをとるようになりました。ただし、たとえば社会学者の遠藤薫先生は『間メディア社会における〈世論〉と〈選挙〉』（東京電機大学出版局）のなかで、アメリカ型の選挙運動は分断をもたらすと懸念を示しています。アメリカは二大政党の国で、選挙のたびに二つの陣営に分かれて戦うため、辛辣なネガティブキャンペーンが常態化しています。

不偏不党原則の撤廃を日本にあてはめてみると、こんな状況を想像してみることができるでしょう。あるテレビ局は立憲民主党を公然と応援し自民党を批判するでしょう。別のテレビ局は自民党を支持し、野党を批判するという状況です。あまりベターな選択ではないように思えますが、視点を変えるとこうもいえます。結局、現状既に政府に対して肯定的な媒体と、批判的な媒体があるように見えるのだから、旗幟《きし》を鮮明にして議論すればよいじゃないかと。

とはいえ日本には複数政党があり、必ずしも明確に二つの陣営に分かれているわけではありません。最近は野党もくっついたり離れたりというのが珍しくない現状にあって、無理に陣営を分けて徹底的に戦わせたとしても、選挙の後、けろりと忘れて仲良くやっていくことができるのでしょうか。なんだかねちねち禍根を残しそうに思えてしまいます。

最近ビジネスパーソンを中心に「インターネットはもう当たり前。どんどん制約をなくした方がよい」「アメリカのようなやり方をためしてもよい」という声もあります。衆議院政治倫理特別委員会における参考人質疑でも、ネットビジネス出身の大学教員が同様の論理で強く解禁を主張しています（二〇一三年四月四日「第一八三回国会 政治倫理の確立及び公職選挙法改正に関する特別委員会」）。こういう声はある種、最近では一般的な感覚のようにも思えてきます。

しかし、いったん立ち止まって考えなければいけません。近年の情報技術を利用した有権者への働きかけの発展は顕著なものがありますし、前述のように日本においてさえ、自民党をはじめ政党各党が情報発信の戦略と戦術を高度化させています。

「スピンドクター」と呼ばれる選挙と情報発信のプロが有権者一人ひとりの趣向や好みを

アルゴリズムで分析して、一番効果的に働く、あるいは最もネガティブに響く情報の出し方について分析し、また実践しています。インターネットは、有権者の属性を当事者が無自覚なまま発信者に提供したり、発信者の主張と適合的な有権者に直接的に情報を送り届けることを可能にしています。

二〇一四年に、世界的に権威ある科学誌『Nature』の速報版に「A 61-million-person experiment in social influence and political mobilization」というFacebookを通じた投票促進等の影響力が実証された論文が掲載されました。Facebookの「感情伝達実験」として知られています。著者にはFacebookの科学者も名を連ねています。このようなメディアがわれわれの共生の原理である民主主義や選挙における選択に影響を与えるのであれば、規制すべきかもしれないという議論が近年アメリカでさえなされるようになってきています（ジョナサン・ジットレイン「Engineering an Election」等参照のこと）。

アメリカの法学者ジョナサン・ジットレインは「デジタル・ゲルマンダリング」という概念を通して、IT技術を用いた政治的利便性の向上と伝統的な民主主義は両立困難であると指摘しています。その中でジットレインは、政治的影響力が行使されたことさえ気付きにくいというリスクを主張します。

3　メディアリテラシーの更新は可能か

悲観的な見解ですが、残念ながら総じていえばメディアの受け手は無力だと筆者は考えています。付け加えておくと、伝統的なメディア・リテラシーの理念には共感しますが、実践的には相当な困難が露呈しているとも考えています。

聞いたことがある人もいらっしゃるかもしれませんが、「ポスト・トゥルース」という言葉がにわかに流行りました。毎年オックスフォード・ディクショナリーズは、その年を代表するキーワードを発表していますが、二〇一六年を代表する英単語として、「ポスト・トゥルース」を選びました。「世論の形成において、客観的事実が感情や個人的な信念への訴えかけよりも影響力に欠けている状況、またはそれに関連した状況を表す言葉」と定義し、イギリスのEU脱退、トランプ氏の大統領就任などのプロセスにおいて二〇一六年に使用頻度が急増したことに起因します。

日本も例外ではなく、「ポスト・トゥルース」の問題は顕在化していると思います。インターネット以前、なかでもソーシャルメディア普及以前とくらべてそう言えるでしょう理由として、情報量の増加、情報接触頻度の増加、ネットメディアにおける（半意図的な）誤情報の流布の三点を挙げることができると考えています。

経験的に考えてみても、われわれが接触する情報の量は格段に増えています。一昔前なら、政治情報と接触するタイミングは、朝、昼、晩くらいしかありませんでした。出勤前にテレビをつけ、朝刊を通勤電車のなかで読む。昼休みには、テレビをつけた定食屋で食事をとるかもしれません。仕事帰りには夕刊を駅のスタンドで買う、あるいは帰宅して夕刊を読む。そして、テレビで夜のニュースを見る。そんな習慣があったでしょう。昭和的ですね。

ところが、今ではどうでしょうか。四六時中スマートフォンやタブレットから、情報が流れてきます。量も情報にふれる頻度も激増しており、二四時間三六五日ニュース漬けになってしまう環境があります。しかもそのニュースは、だいたい同じものだった時代から、各個人の興味関心にカスタマイズされるようになってきています。みんな見ているものがばらばらです。もちろん物事にはよい面と、悪い面があります。視聴する、消費するコンテンツの選択範囲は広がりましたが、メディアを通した共通体験の形成は期待薄になったともいえます。

総務省の平成二七年版の「情報通信白書」を見ると、巷に流通する情報流通量は、過去九年間で九倍以上になっています（図7）。われわれが接触している情報量と完全にイコールでないにせよ、情報流通量が格段に増えていることは想像に難くありません。そのすべてをファクトチェックするなどというのは到底、個人では無理な話です。

さらに、フェイクニュースや「オルタナティブ・ファクト（偽の真実）」などと呼ばれる、真偽の定かではない情報があふれています。ネットで接触した情報の場合、もし本当かどうか確認しようとしたときに、ほかのサイトで調べるというのがもっとも簡便で、素朴な作業でしょう。しかし調べた先のサイトに掲載される情報が、マーケットや政治的な意図をもって毀損されていないと言えるのか否か疑わしくなってきています。

海外の例を挙げると、先のアメリカ大統領選挙に際し、金銭目的でマケドニアから大量の偽情報が発信されたことが明らかになっています。最近ではロシアが政治的意図を持ってフェイクニュースを流していた疑惑が持ちあがり、国営メディア、ロシア・トゥデイな

（図7）

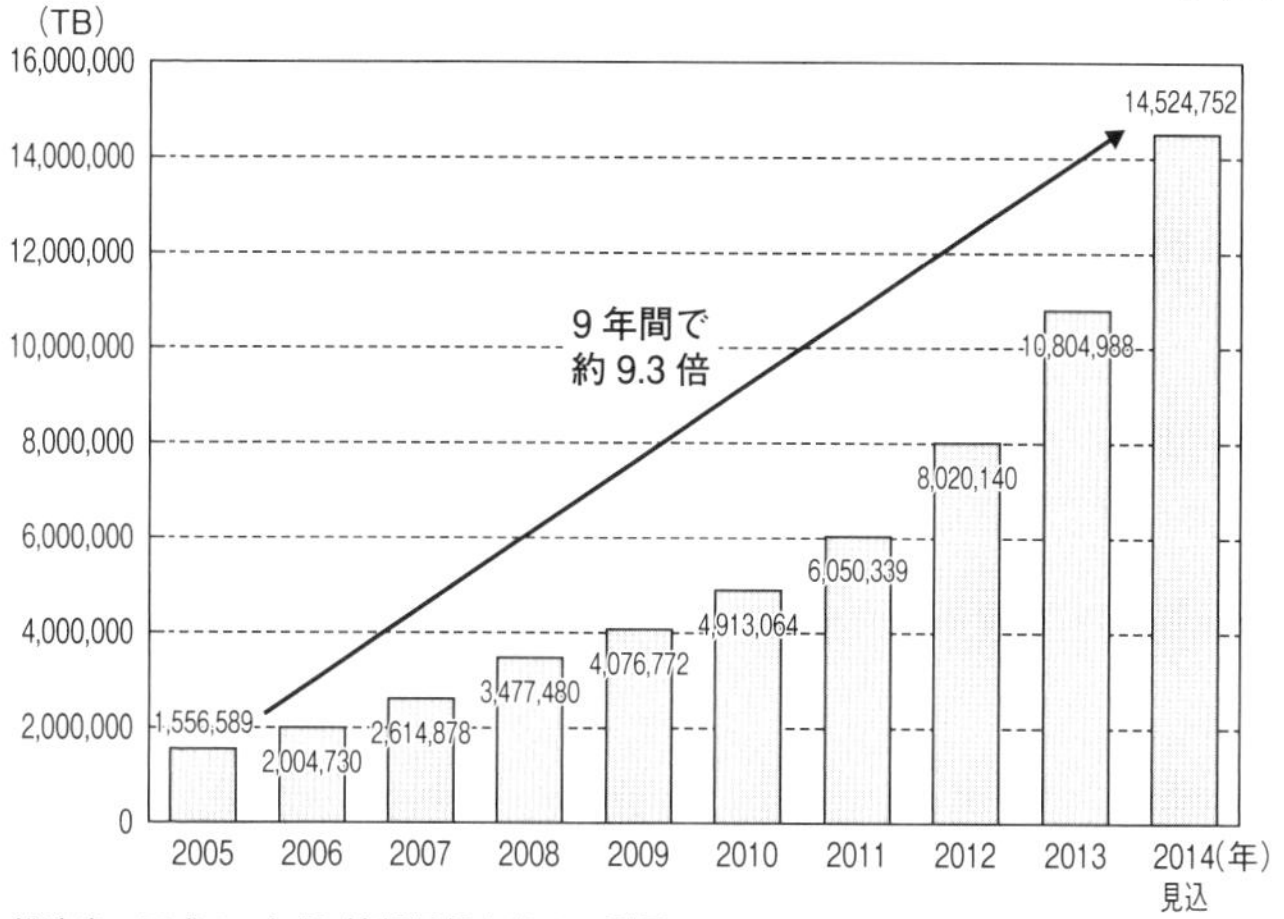

総務省、平成 27 年版 情報通信白書より引用

どのロシア系メディアがトランプ氏を当選させる干渉作戦を展開していたのではないかという疑惑も報道されています。

日本社会には日本語という障壁があります。日本語フェイクニュースはかなりつくり込まないと、ネイティブの話者の手によるものかそうでないかが容易に見抜かれてしまうでしょう。日本語は世界的に見れば英語ほどは話す人がいない言語ですから、苦労が多い割にはフェイクニュースをつくる魅力はそれほどありませんでした。

ところが別の経路から、日本でもフェイクニュースが顕在化しました。フェイクニュースの拡散を放置し、ずさんな情報を流通させるメディアプラットフォームが原因となったのです。たとえばリクルートやＤｅＮＡといった大手企業が、とても安い原稿料で外部の書き手に記事を書かせていました。キュレーションサイトを通して募集することで書き手を買い叩くことができました。ちょっと文章を書いて、ちょっと稼ぎたいという人は少なくありません。過当競争な環境のもとで、真偽の根拠が不確かな情報や著作権侵害にあたるケースが量産されてしまう環境を提供して社会問題になったのです。健康や医療に関連したサイトが問題視され、閉鎖されたサービスも出てきました。

政治に関しても真偽のあやしいさまざまな情報が流通しています。政治に関するフェイクニュースを意図的に流通させるグループがあるとも言われています。

現在ではネットで得た情報の真偽をネットで調べみたところで、それが本当に信頼できるものかどうかはよくわからなくなっているのです。

勘や経験に頼るのは危険

「情報の受け手がだまされないように備えるべき」という意見もあるでしょう。しかし、筆者はそれは難しいと思います。

加えて政治に関連していうと、先ほど述べたように広告代理店やＰＲ会社といった情報のプロの手を借りています。政治はたくさんのお金を投じて、われわれに働きかけようとしています。

直接の利害関係があるがゆえに、政治家、政党はこの主題に対して熱心であり、メディアや人々の変化に敏感に反応します。選挙は競争的でもあり、彼らのなりわいですからなおさらです。それに比べて、よかれ悪しかれ生活者の認識が「あまり政治は自分たちの生活に関係がない」というところを出発点とするなら、多くの人が自発的にメディアを疑うことに資源を投じることはちょっと考え難いと思います。

最近、若い世代のビジネスパーソンから、「実際に会ってみると政治家は意外とよい人たちだった」「政治家というより、ビジネスパーソンっぽい」などという声を聞きます。しかし、少し考えてみてほしいのです。数十万人、ときにはそれ以上の票を獲得しなければ、政治家にはなれないのです。政治家というのは、好印象を持たせる技巧に長けている人たちです。あなたが感じた印象は、それに勝るものだとなぜいえるのでしょうか。

時代の変遷とともに、メディアでどういう人物が人々の心をつかむかという基準は変わっていきます。『朝まで生テレビ！』など、昔は討論番組で出演者が人の話の腰を折ることは当たり前でした。ところが、最近は、話の腰を折った途端に好感度が下がり、「失礼なやつだ」などという悪評がネットに流れるようになりました。筆者も経験があります。討論番組で古い感覚のまま人の話を遮って話したりしていると、随分ネットで悪評が流れました。そういう時代ではなくなったようです。

政治家は有権者の好感度について絶え間なく経験と直感を磨き、データを蓄積しています。好感度をモニターしたり、情報を分析したりしつつ、何十万単位の有権者と握手しながら、自らのセンサーを磨いているのです。そこに最近では組織のサポートや科学的な手法も取り入れています。ますます政治の真の姿は「好印象」というベールに覆い隠されていくのです。

選挙のときだけテレビに映る政治家の姿を見て、あるいはちょっと外向けのイベントにやってきた政治家の姿だけを見て磨かれるわれわれの勘は彼らの前では総じて無力ではないでしょうか。

ジャーナリズムの存在意義とは

ここまで述べてきたような理由で、伝統的なメディアリテラシーは実践的には有効性を失いつつあるように思います。

伝統的なメディアリテラシー論は、「情報を懐疑せよ」と言います。われわれが触れるコンテンツには、政治やマーケットの意図が潜在的に埋め込まれています（エンコーディング）。それゆえわれわれがメディアの情報に接触したときにはそれをデコーディング（加工された情報を読解すること）すべき、と主張します。「情報をまず疑いなさい。検証しなさい。ほかの情報と比較して、調べなさい」と要請します。

しかしすでに述べたように、情報量が激増し、真実を調べようとしてたどり着いた先の情報が毀損しているかもしれない状況のなかで、個人がそれを担うのは、理念的にはともかく、実践的には現実味を感じません。しかも政治は多くの資源を投入して、実力行使をしながら、われわれに好印象を与えようとしています。政治も社会も変化し、生活者は忙しく、日本社会の経済的基盤が脆弱になってきていることもあり、常時、政治を見ている時間などないというのもわかります。

その一方で、共生の原理として、健全な民主主義と政治、権力監視機能が、社会の前提条件として不可欠な存在であることもまた事実です。前章の冒頭で述べたように、われわれの認識如何にかかわらず、政治はわれわれの生活に強く影響を与えるからです。

暫定的な解はどこにあるのでしょうか。筆者はやはりジャーナリズムではないかと考えます。権力監視がジャーナリズムの本業であり存在理由だからです。

たしかにジャーナリズムがわれわれの代理人として機能するのは、多くのメディアが商業主体でもある以上、簡単なことではありません。

海外に目を向けてみると、ジャーナリズムの主体は、企業ではなくNPOのような組織にうつりはじめています。非営利組織のオンラインメディアで初めてピューリッツァー賞を受賞した「プロパブリカ」は寄付で集めた資金で運営されています。

個人が独自のアプローチを模索するケースも出てきています。映画『マネーボール』で知られるデータ分析をつくったネイト・シルバーというアナリストがいます。彼は、「ファイブサーティエイト」という選挙予測サイトを運営し、二〇一二年のアメリカ大統領選挙の結果を高い精度で当てています（残念ながらトランプ大統領誕生については予測を外しました）。統計手法を駆使して選挙結果を予測するコンテンツを、スポーツ専門チャンネルESPNなどに提供したりといったビジネス上の工夫も注目に値します。

しかし、日本にも新しい動きがあります。最近になってテレビはかなり変わり始めているという印象があります。伝統的にテレビの制作現場は、新聞の論調を参考にしてきました。新聞が一つの基準だったのです。テレビの制作現場に行くと、新聞が机の上に山のように積んであり、リサーチャーやAD、ディレクターたちがそれを読みながら、番組の構成を考えていたものです。しかし最近は、少し変わってきています。新聞は今もたしかに机の上に積んではあります。しかしスタッフの目はパソコンに向かっていて、ネットで検索をしています。ネットで流行っていること、注目されていることを番組づくりに生かしているのです。情報番組などを中心に、ツイッターなどの書き込みと連動させるケースも頻繁に見られるようになってきました。そのような意味では、ネットの動向がテレビの制作現場に影響を与えており、ひいては政治や市場、そしてわれわれの行動に強く影響を与えるようになってきていると言えるかもしれません。

社会学者の遠藤薫先生は、新しいメディアはあるとき突然台頭するのではなく、少しずつ既存のものと相互浸透すると述べ、そのような状況を「間メディア」と名づけました（前掲書等）。新旧のメディアのうちどちらかが一方に取り込まれて消滅してしまうというのではなく、浸透しあって相互に影響するという状況です。まさに、テレビの制作現場では、インターネット、ソーシャルメディア的なものと「間メディア」の状況にあるように見えるのです。

第3章

教育と政治

1 現実政治を扱えない政治教育

前章では、なぜ政治がわかりにくいのか、という問いを、主にこの二〇年間のメディアと政治の関係を通して概観してきました。政治とメディア、それぞれの力学が変化し、畢竟、政治とメディアの関係性も変わらざるをえなかったということに言及しました。関係の変化に反応したのは、政治でした。商業放送と共存するなかで権力監視を行うジャーナリズムよりもいち早く適応したのです。政党と政治家は、新しい技術、新しい手法を活用したメディア戦略と戦術を試行錯誤し、その方法を高度なものにしてきました。それに対して、メディアリテラシーという受け手の主体的な認識の改善に期待することはますます困難になっているのではないかという疑問を述べました。そうであるなら、急務は政治と生活者の中間領域にあり、本来権力監視を担う存在でもあったジャーナリズムの進化ではないか……そんな話をしてきました。

この章では「政治のわかりにくさ」を別のアングルから読み解いていきます。冒頭、政治的社会化に大きな影響を与えるチャンネルはメディアと教育ではないかという話をしたことをご記憶されているでしょうか。

社会が、そして生活者が政治的な知識を入手するとき、（政治）教育とそこで提供される知識や考え方（筆者の言葉でいえば「道具立て」）が影響を及ぼしています。こうした考え方は決して新しいものではありません。社会学の中興の祖のひとりエミール・デュルケームがすでに二〇世紀初頭に『教育と社会学』などの仕事でそれに近いことを述べています。

もう少し具体的にいうと、教育にはメディアとしての側面があります。なかでも義務教育がそうです。ポイントは「多くの人が共有している（はず）」ということが期待できることです。そこで提供される知識、考え方、それらは比較的安定的に一定の期間にわたって社会に埋め込まれ、提供者の期待に沿うか否かは不透明ですが、何らかの機能を果たしますし、何らかのパターンが生まれがちです。

二〇一七年の最新の文部科学省「学校基本調査（速報値）」によると、日本の高校進学率は約九八・八％。専修学校（専門課程）進学率が一六・二％です。その一方で「大学・短大等進学率」は五四・七％。四年制大学（学部）に限定すると五〇％を割り込みます（ＯＥ

CD平均を下回ります）。専門も多様ですし、日本の大学での学びはよかれ悪しかれ学ぶ学生の主体性が大きく影響するようになります。高校までとは異なり、必修科目もありますが選択科目の占める割合が増えるということです。

高校までの期間を準義務教育として見なすことが可能ですが、それ以降になると何をどのように学んでいるかは人それぞれであり、政治によせていうなら法学部や政治学部の学生はともかく、選挙について、政治について何か共通の知識を学んでいることを期待するのは極めて困難になります。今の状況だとそれほど政治に強い興味を持っている人も多くないでしょうから、自ら政治を学ぶ人もそれほど多くはないように思えます。言い方をかえると、ごく基本的な政治的知識や権力監視の源泉となる政治についての批判的態度、考え方は、高校までの課程で提供されるのが望ましいのではないかということです。（準）義務教育を中心とした政治教育が十分に機能していないことが「政治のわかりにくさ」に関係している……それが筆者の認識です。

日本における政治教育の特徴は、政治と教育の中立性が重視され、権力や政治に対する理性に基づいた批判的態度の構築が軽視されるというアンバランスさと無色透明性です。原理原則の習得と理解が中心におかれ、政局や現実政治については基本的には深入りしないというのがその特徴です。それは前章に詳述したようなメディアの報道習慣と重なるものでもあります。本書では十分に論じられませんが、日本の戦後史の事情に起因するものだといえそうです。

前章で、また本書冒頭で「日本の民主主義の固有性」の探究が看過されているという点に言及しました。教育にも同様の傾向を見出すことができます。幾つかのグッドプラクティスは存在するものの、現実政治を扱うことは事実上相当困難という現状があります。政治的中立性が強く意識される一方で、政治に対する批判的視線や権力監視について学べているとはいえないように思います。政治と教育の中立も重要ですが、同時にそれらも民主主義の原則であるはずです。(政治)教育の現状や課題、歴史について紐解いてみることにしましょう。

理論重視の政治教育の内実

現行教育基本法の第一四条が政治教育を規定しています。

第一四条　良識ある公民として必要な政治的教養は、教育上尊重されなければならない。
2　法律に定める学校は、特定の政党を支持し、又はこれに反対するための政治教育その他政治的活動をしてはならない。

一九四七年に生まれた教育基本法は、前文を持ち、教育の世界では準憲法的性格を持つと見なされてきました。「教育の自由化」は日本の戦後改革の一つの柱でもありました。少し時期が前後しますが、なかでも皇国教育が問題視され、科学的、実証的な知見に基づく社会科教育が重要視されるようになります。

教育基本法は戦後民主主義的なものを代表する性格を持った法律で、二〇〇六年に第一次安倍内閣のもとで約六〇年ぶりに改正されました。それを受ける形で、学校教育法、地方教育行政の組織及び運営に関する法律、教育職員免許法及び教育公務員特例法という教育三法の改正が行われ日本の教育行政は大きく姿を変えました（文部科学省「教育三法の改正について」）。政治教育はそれまで第八条に位置付けられており、長く「八条問題」と呼ばれていましたが、この改正で第一四条に移動しました。

ただし、この間、政治教育の実質は大きく変化することはありませんでした。総じて見ると、注意深く政治と教育が切り分けられたあとだったからといえるかもしれません。

ここで書かれている文言はどのように解釈されてきたのでしょうか。

文科省は、今も「教育基本法資料室へようこそ！」というウェブサイトを公開していま す。そこに現在の第一四条、旧八条の考え方が記載されています〈第八条〈政治教育〉：文部科学省 http://www.mext.go.jp/b_menu/kihon/about/004/a004_08.htm〉。少し長いですが、以下に、引用しておきます。

◎本条の趣旨
・第1項は、民主主義を実現するためには、国民の政治的教養と政治道徳の向上が必要であることを踏まえ、政治教育において最も尊重されるべき事項を規定するもの。
・第2項は、学校教育における政治教育の限界を示し、特定の党派的政治教育を禁止することにより、教育の政治的中立を確保しようとするもの。

○「良識ある」
単なる常識以上に「十分な知識をもち、健全な批判力を備えた」という意味。

○「公民」

国民が公の立場から社会形成に参加していく関係（広義の公民）に、政治的、経済的、社会的生活の３つがあるとして、積極的に政治的な関係に入る場合の国民という意味であり、政治的観点からみた国民の意。

○「政治的教養」

a．民主政治、政党、憲法、地方自治等、民主政治上の各種制度についての知識

b．現実の政治の理解力及びこれに対する公正な批判力

c．民主国家の公民として必要な政治道徳、政治的信念

○「教育上尊重する」

a．政治的教養を養うことは、学校教育においても社会教育においてもこれに努めなければならないこと。

b．教育行政の面で政治的教養を養うことができるような条件を整えること。

○「法律に定める学校」

学校教育法第1条に定める学校を指し、専修学校、各種学校等は含まれない。なお、「学校は」とは、「学校教育活動の主体としての学校自体は」の意であり、学校教育活動として行われる限り、学校内外(家庭訪問等)を問わない。

○「政党」

「一定の政治理想の実現のために政治権力への参与を目的とする結社」のことであり、政治権力への参与を目的としない、単に政治に影響を及ぼすことを目的とする政党以外の政治結社は、政党に含まれないとされている。(しかしながら、学校が政治的に中立であるべきということ、及び第10条第1項の規定の趣旨を踏まえれば、「政党」に該当しない政治結社を支持し又は反対するような教育は許されないと考えられる。)

日本における政治教育の現状を考えるうえでのヒントが数多く記されています。これらのヒントはわれわれの社会において実際に具対化され、機能しているでしょうか。

たとえば「良識」という言葉について「単なる常識以上に『十分な知識をもち、健全な批判力を備えた』という意味」であると記されます。シンプルで理想的な説明ですが、現状、現実政治に対して「健全な批判力」を培うしくみが用意され、十分機能しているといえるでしょうか。

「政治的教養」について「a．民主政治、政党、憲法、地方自治等、民主政治上の各種制度についての知識」「b．現実の政治の理解力及びこれに対する公正な批判力」「c．民主国家の公民として必要な政治道徳、政治的信念」という三つがかなり具体的に言及されています。このなかではもっとも遅れを取っているのがb．ではないでしょうか。大学入試などで具体的に「現実の政治」と対応する科目があるわけではないし、学校空間にも大文字の政治が頻繁に入り込んできて顕在化する「政治の季節」はすでに終わりを迎えています。ですが、政治教育についてほぼ従来のあり方が踏襲されてきました。

つまり、現在のわれわれの社会や政治と直結している戦後政治史が手薄であるということ、そしてなにより現実政治を教育の素材として扱いにくい現状があるのです。たとえば選挙というもっとも政治に関心がある時期に、どれだけの学校で現実政治を扱えているでしょうか。政治の見方で注意すべき点を扱えているでしょうか。

概観してみましょう。歴史系科目では、大学入試と授業の時間数、科目構成等が理由で現代史に十分に時間を割くことができない現状があります。現代史とは専ら第二次世界大戦よりあとの戦後史のことです。われわれの生活と地続きであり、現在の政治を判断するときの補助線にもなりうる重要な科目です。

公民系科目では原理原則と理論が中心です。ロック、ホッブズ、ルソーが教科書に出てくる古典的な代表選手で、民主主義の発展、そして政治の原理原則、政治経済、三権分立の考え方、衆議院と参議院の二院制を採用するしくみ、議員の数、日本国憲法の内容などが中核です。

そのものずばりともいえる「現代社会」はどうなっているのかというと、さまざまな現代的な問題が、環境問題、人権問題、世界との関係……というように、主題中心に構成されており、その数は膨大で、科目に割り当てられている時間では、現実的にはその全ての内容を消化できないことが大きな課題でしょう。そのなかのどの部分を扱うかは、もっぱら現場の教員の裁量です。当然ですが教員にも得意・不得意な領域があるので、得意な分野に時間を割くということが、ままあるでしょう。それが必ずしも政治であるとは限りません。

これらが重要な科目であり内容であることは疑いえません。しかし現実政治とそれにつながる現代政治の文脈、現実政治を捉え理性的に検討するための考え方が抜け落ちています。当然ながら、原理原則と実際の政治の姿には乖離がかなりあります。これを埋めるための教育施策が欠落しています。

政治家をどう選ぶかは人それぞれですし、勘と印象に頼る人がいてもよいでしょう。ですが理性的な立場から選ぶためには、何らかの手がかりが必要でしょう。現在の政治教育ではそのための手がかりを基本的には提供できていないのではないでしょうか。

政治と教育に日本独特の事情があるということは理解できます。しかし、それによって起きることは、義務教育終了時点、もしくは高校卒業時点で、政治について現実問題として何が起きているかを把握する術は、ほとんどないということです。政治の側を批判的なまなざしで見つめ直す術も持ち得ません。学習してきた理論から大きく離れた事態を目にして、いきなり「投票してください」と言われるのです。

投票年齢の引き下げと主権者教育の試み

一躍、関心を集めるようになった政治教育ですが、投票年齢の引き下げを抜きにして語ることはできないでしょう。

二〇一六年、投票年齢が満一八歳に引き下げられました。これは戦後初めての選挙権の拡大でもありました。公職選挙法は一九五〇年に、衆議院議員選挙法、参議院議員選挙法等を集約して生まれた法律だったということはすでに述べたとおりです。ですが、一貫して二〇歳以上の成人男女が選挙権を有するというあり方を踏襲してきました。日本における成人年齢が二〇歳だったことと一体化して考えられていたのです。ところが「現在海外では『18歳以上』が主流です。国立国会図書館の調査（平成26年）では世界の191の国・地域のうち、9割近くが日本の衆議院に当たる下院の選挙権年齢を『18歳以上』と定めています。例えば、アメリカ、イギリス、フランス、ドイツ、イタリアでも18歳以上となっております」（総務省「選挙権と被選挙権」http://www.soumu.go.jp/senkyo/senkyo_s/naruhodo/naruhodo02.html）などと紹介されるように、世界のなかで日本の選挙権年齢が高止まりしていることが明らかになるにつれて「これを引き下げよう」という声が出て来るようになったのです。少子高齢化で政治的影響力が年長世代に有利なものとなる「シルバーデモクラシー」の懸念もあり、若者の政治参加を促す団体の活動なども追い風となって、投票年齢は引き下げられることになりました。

その結果、政治教育が再び注目を集めるようになったのです。今回の引き下げによって、高校三年生の一部が投票年齢に含まれるようになりました。このことは、かつての文部省と日教組の対立、学生運動の「政治の季節」が過ぎ去ったのち慎重に隔離されていたはずだった学校と政治の距離が再び接近することを意味します。

すでに述べたように、教育と学校は重要なメディアでもあります。そこで教員や教材を通して提供される知識や考え方は、学年あたり数十万人規模に波及する可能性があるからです。

こうして、「主権者教育」の必要性が言われるようになりました。主権者教育とは主権者にとって望ましいとされる知識や考え方に関する教育で、伝統的な政治教育の文脈というよりは欧州における市民性教育《シチズンシップ・エデュケーション》に対応する概念です。二〇一〇年代になって、日本国内にもこうした主権者教育や若者と政治の距離を近づける活動に取り組むNPOや活動が姿を現しました。

総務省と文部科学省は二〇一五年九月に『私たちが拓く日本の未来』という、一〇四頁からなる教材を公表しています。『私たちが拓く日本の未来』は三部構成で、一部は知識編、二部がワークショップ編、三部がQ&Aになっています。知識編で提供されているのは、公職選挙法の若年世代の投票に関係する部分のわかりやすい解説や、衆議院、参議院の解説等であり、従来、公民教育で扱われてきた政治に関する知識をコンパクトにまとめた内容が中心です。ワークショップ編には多くのボリュームが割かれ、模擬投票などが授業で実践しやすいかたちで紹介されています。

投票を経験する模擬投票は新しい主権者教育の「目玉」として活用されるようになりました。過去の選挙公報を使うという試みもあり、立命館宇治高校や、新宿の区立、公立、都立の高校の一部においてすぐれて実践的な模擬投票が行われていることは事実です。しかし、多くは架空の政党を設定し、政党と主張をわかりやすく対応させ、「A党はこういうことを主張している。B党はこれを主張、C党はこう言っています。あなたはどれがいいですか」といった選択形式になっているようです。若年世代を対象としたアンケート調査を見てもわかるように、複雑な現実政治を評価して意思決定を行うトレーニングという意味においては物足りません（次頁図1）。実際の政党が想定されるわけでもありません。

現在、「日本においても主権者教育が事実上始まった」という声が広く聞かれるようになりました。メディアもそのような論旨で報じがちですし、筆者もそういった番組でいろいろとコメントしたことがあります。ですが、この言い方は極めてミスリーディングです。

（図1）

Q 政治や経済をどのように学びましたか（複数回答可）

国民主権や多数決などの民主主義の基本	82.8%
選挙区制や選挙権年齢などの選挙のしくみ	82.2%
普通選挙権実現の歴史	58.3%
選挙の意義と投票参加の重要性	43.2%
投票所における投票の方法	24.6%
社会問題や政策などをテーマとしたディベートや話し合い	15.3%
実際の選挙や架空の候補者による選挙での模擬投票	8.7%
わからない・その他	8.2%

Q 政治や経済のニュースを何から得ていますか（回答は１つ）

テレビ	55.9%
インターネット	22.9%
新聞	8.5%
わからない	5.9%
得ていない	5.3%
ラジオ	1.1%
その他	0.4%

明るい選挙推進協会　18歳選挙権認知度調査（平成27年7月）より作成
調査対象15歳（中学生を含まず）〜24歳

「日本では主権者教育はまだ始まっていない」と言ったほうがよいとさえ考えています。というのも、現状、テキストを配っただけで正式な科目（教科）はつくられていないからです。正規科目として設けられていないということは、教育時間をどのようにつくるかが学校あるいは教育委員会に委ねられていることを意味します。要するにオプションであって、どのように運用されるかは、個々の現場に依存するということです。それが制度から見た日本の政治教育、主権者教育の現状です。

主権者教育が注目を集める前から先駆的な教育を試みている学校もあれば、ただ配っただけというところも少なくないと聞きます。受験とは関係がないので、高校生自身もそれほど重要視しているわけではないようです。仮に総合学習に相当する時間で学ぶとしても、一〇四頁全てを一コマで消化することは現実的ではありません。「目玉」の模擬投票を切り出してみたり、主権者教育団体の外部講師や選挙管理委員会との連動もなされていますが、正式な教科ではないので多様というほかありませんし、政治や民主主義の共通の土台が築かれているというには心許ない状況ですが、制度的にはそれで問題ないという扱いになっています。

複雑で、ときに矛盾した主張が同時になされる現実政治は混沌としています。政治家や政党は平気で過去と正反対の主張を行います。政治家たちは自らをよく見せようともします。そのなかでいかにして選択を行うか。せめてその複雑さを認識できる、実践的な政治教育は現在に至るまで導入されていない、それが筆者の認識です。

さらにいえば、これは教育の現場ではなく、教育政策の問題です。当時の文部省は一九五四年六月九日に「教育公務員特例法の一部を改正する法律及び義務教育諸学校における教育の政治的中立の確保に関する臨時措置法の施行について」(http://www.mext.go.jp/b_menu/hakusho/nc/t19540609001/t19540609001.html)という通達を送っています。政治的中立の確保について「本法により禁止される行為の内容」という項目を設けて次のようにかなり厳しく定めています。

「特定の政党等を支持させ、又はこれに反対させる教育」を行うことを教唆、せん動すること。この教育には児童・生徒を特定の政党等を支持し又はこれに反対する行動に駆り立てるような教育が含まれることはもちろんであるが、その程度にまで至らないでも、児童・生徒の意識を特定の政党等の支持又は反対に固まらせるような教育は、これに該当する。単に、特定の政党を支持、反対させる結果をもたらす可能性があるとか、それに役立つとかいう程度では該当しないが、必ずしも政党等の名称を明示して行う教育には限らず、暗黙のうちに児童・生徒に特定の政党等を推知させるという方法をとる場合にも、該当する場合がある。なお、特定の政治的な立場に偏し、教育基本法第八条第二項の趣旨に反する教育は、本法に規定する党派的教育に限られるものでないことは特に留意せらるべきである。また、「教育」は、義務教育諸学校における教育の一環として行われるもののすべてを含め、教課外活動・修学旅行等正規の授業時間外や、学校の施設外で行われる活動も、学校の教育としてなされるものは含まれる。

このような考えは、現在に至るまで、政治的中立についての考え方の根幹に残されていますが、「政治の季節」が過ぎ去った現在でも妥当かというと疑問が残ります。

確かにかつては教育においても政治、とくに反権力的な機運が根強くあった「政治の季節」がありました。一九五〇年代には教師が家庭訪問しながら革新系の政治運動をやっていたことがわかっています。選挙のときに家庭訪問でビラを配ることも実際にあったようです。政治学者原武史氏の『滝山コミューン一九七四』（講談社文庫）を読んでも、政治をめぐって教育と家庭がかなり接近していた様子が窺えます。

またかつて、日教組と当時の文部省が激しく対立して、教育にその影響が出そうになった時期もありました。一九五四年に成立した、いわゆる教育二法があります（現在の教育二法）。このとき可決させまいとした日教組が、昼休み返上、日曜日の振替授業といった方法で抵抗運動を行っています。学校運営にも支障がでるような事例もあったようです。このような政治と教育の関係のなかで、学校現場に生の政治を持ち込まないことが日本における限定路線になりました。

しかし、「政治の季節」が去った今は事情が違います。今でも保守の人たちは日教組を危険視したりすることもあるようですが、現実には組合加盟率も落ちていますし、必ずしも、現代の教員、とくに若年世代の教員はそれほど政治に強い関心を持っているというわけではないでしょう。それほどに社会のなかで政治は後景に退いていきます。

　一方で、すでに幾つかの例を参照したように、規制や法律はある種の慣性を持っています。時代や社会の変化よりも、ずっと変化の速度が遅い。それらが変化した後でも、特段の不具合がなければ、あるいは許容可能な不具合であれば、誰かが積極的に変えたいと行動を起こさない限り、古い規制や法律は継承されていきます。

　政治と教育の話に戻すと、日本の場合、政治的中立に重きを置きすぎるがゆえに、批判的態度の醸成などが疎かになっているように思えるのです。

　前述のようにEU市民の育成を重視する欧州では、主権者教育が盛んです。なかでもイギリスはその先駆けとして知られていて、日本でもイギリスにおける主権者教育のガイドブックなどが翻訳されています。教育現場で現実政治を積極的に扱うことで知られるイギリスでさえ偏向教育だと懸念する声があがり、とりわけ保守政権になってから、そのプレッシャーが増したようです。たとえ現実政治を扱えたとしてもそのような声は出てきます。社会や教育が政治に関心を持ったとしてもそうなのですから、なおさら扱わなければいつまでも権力や政治に対する批判的態度は養われないのではないでしょうか。

　最近では若年世代の低投票率を懸念して、総務省や各選挙管理委員会で若者に対する普及啓発の施策が行われています。ですが、それらはアイドルを起用したポスターを作ってみたり、ＣＭを流してみたりというものが中心です。そんなことで若年世代が政治に関心を持つと思われているのだとしたら随分軽視されたものだと感じますし、旧教育基本法に込められた「十分な知識をもち、健全な批判力を備えた」という意味での「良識」とはかけ離れたあり方ではないかと強く懸念します。

2　教育現場で起きていること

政治とメディアの関係について論じた際に、政党や政治家は職業として現実政治と直接的な利害関係があるがゆえにメディアや生活者よりも強い関心を持ち、それゆえに資源を割いて介入しがちだ、という話を紹介しました。教育が政治に影響を与えるのであれば、政治は当然のごとく強い関心を示すと考えられます。ただし、それはともすればわれわれのため、というよりは政治の文脈に沿うかたちで、と考えておいたほうがよいでしょう。

実際、政治は頻繁に教育に口を出しています。教育から政治に直接的に働きかけるのは容易ではありませんし、その回路も明確ではありません。その意味でいえば、政治と教育の力関係は非対称であるのみならず、直接的には政治のほうが有利でもあります（一六六頁図2）。

政治の口出しという問題は杞憂ではありません。たとえば自民党は、投票年齢引き下げが議論されるなかで、「偏向教育」を告発するサイトをつくっていました。これは「学校教育における政治的中立性についての実態調査」という名称で、記名式で答えさせるものでした。そこには、「不偏不党の教育を求めているところですが、教育現場の中には『教育の政治的中立はありえない』と主張し中立性を逸脱した教育を行う先生方がいることも事実です。学校現場における主権者教育が重要な意味を持つ中、偏向した教育が行われることで、生徒の多面的多角的な視点を失わせてしまう恐れがあり、高校等で行われる模擬投票等で意図的に政治色の強い偏向教育を行うことで、特定のイデオロギーに染まった結論が導き出されることをわが党は危惧しております」と記載されていました（https://ssl.jimin.jp/m/school_education_survey2016?_ga=1.59801455.395835691.1409157024: URLは現在リンク切れ）。

教育への働きかけは自民党に限ったことではありません。問題は実践的に学生たちが政治を学べるようにする取り組みが普及するよりも先に、すでに政治からの教育現場への圧力が存在するという点です。

その一方で教員、とくに中等教育の教員の本業は政治と対峙することではありません。ジャーナリストでもありません。教育現場の当事者として政治とのもめごとは避けたいという心理が生じるのは当然のことです。

ややこしいことが生じないように、中立的、無色透明な政治教育で無難に済ませたいと考えたとしても無理はないでしょう。教育委員会の中には、実際そのように要請しているところもあったりします。

効果があらわれるまで時間がかかる

もちろん本書執筆の時点でもこの政治教育の見直しは進められています。学習指導要領の見直しに伴って、二〇二二年から、現代史を中心とした「歴史総合」と、主権者教育や金銭教育を含めた「公共」と称する科目を必修科目として新設する動きがあります（一六七頁図3）。これをもって、今度こそ日本でも、英米圏で言うところの政治教育、主権者教

(図 2)

第 2　政治的教養の教育に関する指導上の留意事項

1. 政治的教養の教育は、学習指導要領に基づいて、校長を中心に学校として指導のねらいを明確にし、系統的、計画的な指導計画を立てて実施すること。また、教科においては公民科での指導が中心となるが、総合的な学習の時間や特別活動におけるホームルーム活動、生徒会活動、学校行事なども活用して適切な指導を行うこと。
　指導に当たっては、教員は個人的な主義主張を述べることは避け、公正かつ中立な立場で生徒を指導すること。

2. 政治的教養の教育においては、議会制民主主義など民主主義の意義とともに、選挙や投票が政策に及ぼす影響などの政策形成の仕組みや選挙の具体的な投票方法など、政治や選挙についての理解を重視すること。あわせて、学校教育全体を通じて育むことが求められる、論理的思考力、現実社会の諸課題について多面的・多角的に考察し、公正に判断する力、現実社会の諸課題を見いだし、協働的に追究し解決する力、公共的な事柄に自ら参画しようとする意欲や態度を身に付けさせること。

3. 指導に当たっては、学校が政治的中立性を確保しつつ、現実の具体的な政治的事象も取り扱い、生徒が有権者として自らの判断で権利を行使することができるよう、より一層具体的かつ実践的な指導を行うこと。
　また、現実の具体的な政治的事象については、種々の見解があり、一つの見解が絶対的に正しく、他のものは誤りであると断定することは困難である。加えて、一般に政治は意見や信念、利害の対立状況から発生するものである。そのため、生徒が自分の意見を持ちながら、異なる意見や対立する意見を理解し、議論を交わすことを通して、自分の意見を批判的に検討し、吟味していくことが重要である。したがって、学校における政治的事象の指導においては、一つの結論を出すよりも結論に至るまでの冷静で理性的な議論の過程が重要であることを理解させること。

　さらに、多様な見方や考え方のできる事柄、未確定な事柄、現実の利害等の対立のある事柄等を取り上げる場合には、生徒の考えや議論が深まるよう様々な見解を提示することなどが重要であること。

　その際、特定の事柄を強調しすぎたり、一面的な見解を十分な配慮なく取り上げたりするなど、特定の見方や考え方に偏った取扱いにより、生徒が主体的に考え、判断することを妨げることのないよう留意すること。また、補助教材の適切な取扱いに関し、同様の観点から発出された平成 27 年 3 月 4 日付け 26 文科初第 1257 号「学校における補助教材の適正な取扱いについて」にも留意すること。


文部科学省「高等学校等における政治的教養の教育と高等学校等の生徒による政治的活動について（通知）」より引用。下線部は引用者による

（図３）

平成28年7月19日
教育課程部会
社会・地理歴史・公民
ワーキンググループ

公民科目の改訂の方向性（案）

新必履修科目「公共（仮称）」の構成

- 現代社会の課題を捉え考察し、選択・判断するための手掛かりとなる概念や理論を、古今東西の知的蓄積を踏まえて習得する。
- 選択･判断するための手掛かりとなる考え方や公共的な空間における基本的原理を活用して、現代の社会的事象や現実社会の諸課題について、事実を基に協働的に考察し、合意形成や社会参画を視野に入れながら解決に向けて構想したことの妥当性や効果、実現可能性などを指標にして論拠を基に議論する力を養う。
- 持続可能な社会づくりの主体となるために、様々な課題の発見・解決に向けた探究を行い、「グローバル化する国際社会に主体的に生きる平和で民主的な国家及び社会の有為な形成者」として必要な資質・能力を養う。

新選択科目「倫理（仮称）」

新選択科目「政治・経済（仮称）」

公共的な事柄に自ら参画しようとする意欲や態度を育み、現代社会に生きる人間としての在り方生き方についての自覚を一層深める学習を充実

原典も活用し様々な先哲の考え方を手掛かりとし、哲学に関わる対話的手法も活用して、自立して思索を行い、他者と共に生きる主体を育む「倫理」

※思想史的知識の習得に終始しないようにする。

政治と経済の特質を総合的・一体的に捉えるとともにグローバルな視点をより重視して、国家及び社会の形成に、より積極的な役割を果たす主体を育む「政治・経済」

※制度・仕組みの知識の習得に終始しないようにする。

※現行の選択必履修科目「現代社会」同様に１科目でもって公民科の教科目標を達成することのできる新必履修科目「公共（仮称）」を設置することとなっている。この科目は、「現代社会」における三つの大項目相互の関係や学習内容において共通する点が多く、その発展と捉えることもできることから、「現代社会」については科目を設置しないこととする。

文部科学省「次期学習指導要領に向けたこれまでの審議のまとめ（素案）のポイント参考資料」より作成

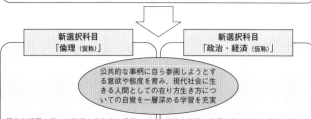

育に相当するものが導入されるのではないかという声が出ています。

しかし、中身が明白にはなっておらず、従来の公民教育の域を出るような議論がないので、どうなるのかは未知数です。しかもどうやら「現代社会」は廃止して授業時間を確保する方向性のようです。

教育の効果は漢方薬のようなものです（ちなみにメディアは市販の風邪薬のようです。最後の章で言及します）。効くまでに時間がかかります。新しい科目を学んだ人たちは一定程度影響を受けるでしょうが、彼らが社会のマジョリティになるには数十年という時間が必要になるでしょう。現在、社会のマジョリティは昭和出身で、平均寿命が延びているので、この状況はかなり長く続くはずです。新しい教育を受けた世代が社会のマジョリティになって広く現実社会、現実政治に変化を及ぼすのは、相当先のことです。日本の高校進学率は九割を超えていますが、これはたかだか毎年一〇〇万人程度の人数です。日本には一億二〇〇〇万の人口がいます。学校で政治教育を学んでいない、学ばなかったはるかに多くの人たちには学校教育は特に影響を及ぼしません。教育を変えても、社会における政治認識の変化に即効的に影響を及ぼすことは難しいのです。

確かに、教育で現実政治を扱う難しさはちょっと想像してみるだけでも尋常ではありません。政党の歴史を教科書に記述しようとしても、自民党サイドからは「俺たちをもっと肯定的に書いてくれ」という声が、野党の側からは「もっと否定的に書くべきだ」という声があがるでしょう。野党の記述についても同じで、与党の側は「肯定的に書き過ぎている」、野党は「もっと肯定的に書いてくれ」という議論が噴出して、すぐに収拾がつかなくなることは目に見えます。

しかし、それでも模索するべきだと考えます。それらの記述がないと、ただでさえ複雑になっている戦後政治の歴史を具体的に知ることができません。保守、革新といったときの明確なコンセンサスが乏しい現状や、政治におけるねじれや対立を理解することができないでしょう。そしてそのためには政治教育と教育現場の裁量を守る仕組みが必要です。どうでしょうか。本章では教育と政治の関係を振り返ってきました。教育基本法を中心とする教育法制に規定され、政治を理解するための知識の少なくない部分が（義務）教育課程で提供されています。政治的知識や政治を考える枠組みの重要な供給源というわけです。「政治のわかりにくさ」の要因がこの分野と関係がありそうだということを少しご理解いただけたでしょうか。

最後の章では、本書の「政治のわかりにくさ」に関する議論を総括しつつ、ここまで挙げてきた課題をどうやって超克しうるのか、筆者なりの展望を提示していきたいと思います。

第4章　ポスト二〇二〇年をどう生きのびるか

1　どんな選択もリスクとなりうる時代

前の章では、教育と政治の関係を取り上げました。（政治）教育が生活者が現実政治を捉える知識や考え方を提供する機能を果たしていることを、制度と歴史を中心に紐解きました。そして政治的中立が重要視される一方で、十分に現実政治を扱うことができておらず、内容面でも総合的に見て戦後史や現実政治と強く関係する知識を提供できずにいるということを指摘しました。投票年齢の引き下げが実現され、学校という場所と政治が近づき、「主権者教育の導入」がいわれながらも、前述のような根幹は大きくは変わっていないのではないかという疑問を呈してきました。

さて、本書もいよいよ終盤です。ここまでいくつもの課題を指摘してきましたが、残された懸念される課題を取り上げつつ、若干の展望について言及してみることにしたいと思います。

本書では政治はなぜわかりにくいのかを、さまざまな角度から考えてきました。改めて振り返ってみましょう。本書はこういう見立てでした。生活者の環境要因として政治と社会という相互に影響を与えあっている系があります。社会の側にはメディアや教育も含まれます（それらも政治と不可分ではありません。ややこしいですね）。そもそも平成と「失われた三〇年」を経て、時代や人々の生活それ自体が大きく変わろうとしています。平成は、戦後通して達成された「日本の豊かさ」がピークアウトし、為す術もなくだらだらと衰退期に向かい始めたという意味において、「失敗の時代」だと述べました。

「政治のわかりやすさ／政治のわかりにくさ」というとき、政治の側面では現実政治は九〇年代から二〇〇〇年代を通してその姿は大きく変貌し、さらにもう少し長い軸で、戦後の期間を通して現実政治を分析する概念装置の使われ方が反転し、従来から論争的であった概念装置そのものの自明性がますます不透明なものになったのではないか。そのように本書は指摘しました。

政治についての認識を形成する「政治的社会化」という概念を紹介しましたが、社会の側に目を向け、より直接的にはメディアと教育を取り上げました。前者を風邪薬、後者を漢方薬と表しましたが、いずれもわれわれの政治認識に影響を与える二大要素でしょう。

メディアはインターネットが登場し、その存在感を発揮する一方で、伝統的マスメディア、とくにジャーナリズムにおいて影響力と人々の信頼によって重要な役割を果たしていた新聞が存在感を失いつつある様に言及しました。

メディア力学とメディア環境の変化のなかで、現実政治とメディアの関係も変わりつつあるということについても述べてきました。ここでいう現実政治とは政治家や政党のことですが、なりわいとして直接影響を被る彼らがいちはやく状況の変化に対応し、メディアを通した情報発信の手法を改善し始めました。大きな資源を投入し、科学的な手法を取り入れ始めたということです。生活者によい印象を与えたい、そして支持に結びつけたいというわけです。

教育はどうでしょうか。教育は政治についての知識や考えるための道具立てをわれわれの社会に供給する主たる担い手です。メディアと重なるところもありますが、現在に至るまで無色透明な原理原則を重視せざるをえなかったこともあり、投票年齢が満一八歳以上に引き下げられた現在に至るまで、現実政治とその歴史、さらに政治に対する批判的態度を醸成するための十分なプログラムを導入できずにいるのではないか、ということを述べてきました。

そしてここまで長々と見てきた政治、社会、それぞれのサブシステムを重ね合わせてみたときに、われわれの社会の伝統的な見通し（予見可能性）が機能不全を起こし、エアポケットのように「政治のわかりにくさ」が形成されているのではないか……これが本書の結論です。共通の政治や民主主義についての固有性を持った相場観が形成されず、現実政治を批判的に取り扱うための知識や批判的態度を養うための適切な機会が乏しく、政治家の発言に一喜一憂しながら振り回されるわれわれの社会の時代診断です。

予見可能性は「正解」や「正しさ」のことを意味するものではなく、文字通り認識のようなもので、社会に安定性をもたらす機能を有していたと思います。その支えが失われたことで、ある種の大きなモメントの転換期のなかで、生活者の認識と実態にずれが生じ、そのずれが大きくなっているのに、是正する仕組みが実装されないどころか、とんちんかんな施策が次々に導入され、社会で混乱と不安感情が引き起こされているというイメージです。

予見できない明日のシナリオ

現状の認識についてはここまで述べてきたとおりです。それではこれからわれわれの社会はどこに向かうのでしょうか。

「正解」は、政治システムの内部でもいっそう不透明になっているように思えます。

昭和の時代は、経済成長のために多くのものを捨て、安定という名の恩恵を手にしました、人と人とのつながり、地域の伝統を犠牲にしながら、経済活動を通じて会社のなかに共同体をつくる一方、子どもの教育にお金をかけるなど、家庭にその対価を還元してきたのです。

学歴競争に勝ちさえすれば、大企業に就職できる。就職したら年収カーブどおりに、給料がもらえる。そのような共通認識で、昭和後期を迎えます。「末はカムリか、クラウンか」という言葉がありました。出世してそれにあわせて、ランクの高いクルマに乗り換えていく、そんな時代の雰囲気です。当時は、三〇代の年収はこれぐらい、四〇代、五〇代になるとこれぐらい、と計算ができ、さらにインフレも期待できたためサラリーパーソンは住宅ローンを比較的安心して組むことができたはずです。安定した生活が、主観的な幸福感の形成につながっていたように思えます。社会学者の佐藤俊樹が指摘するように、戦後の「中流」は実態というよりは社会意識としての側面が強かったからです（佐藤俊樹『不平等社会日本』中公新書）。

しかし、平成になって、経済成長の前提が毀損してしまいました。給料の伸びは期待できません。デフレ基調ゆえ住宅ローンを組むと手痛い失敗をしてしまうかもしれません。手取りが伸びない、停滞する状況での借金は借り手にとって大きな負担となってしまいかねません。かといって伝統的な意味でリスク防衛的になればよいかというとそうでもありません。老舗の大手企業に就職したとしても、最近では潰れない保証はないでしょう。一九〇〇年代末から現在にかけて、老舗の伝統的日本企業が数多く倒産し、不正が明らかになり、厳しい状況に追い込まれています。最近はかなりダイナミックな企業買収が行われるようになっていて、あるとき突然、競争主義が導入されるかもしれません。このように、リスク回避行動もまた裏目に出る可能性すら生じています。

伝統的な認識のもとでリスクテイキングするのも、そしてしないことも、ともにリスクを有する。そんな状況です。

人々の認識は、実際の変化よりもずっと遅れて変わるのです。それゆえ多くの人たちが政治や民主主義など自分とは関係ないと認知し、昭和的な慣習を引き継いでいます。政治は社会のメカニズムを大きく変えることができるにもかかわらず、です。

イギリスのトニー・ブレア元首相が回顧録（『ブレア回顧録〈下〉』日本経済新聞出版社）を興味深い言説で締め括っています。

不思議なことだが、私の結論は人々を解放するために政治の力が必要とされているということではない。人々のちからが政治を解放するために必要なのである。

2　日本国憲法をめぐる揺らぎ

ところでここまであまり言及してこなかった、しかしわれわれの「共通の価値」（になりうる対象）として、日本国憲法があります。憲法についてここで見ておきましょう。昨今、護憲か、改憲かで大きく揺れています。本来憲法は、たとえばアメリカにおける合衆国憲法のように共通の地平となりうるものですが、どうもわれわれの社会ではそうといえないように感じます。

改正議論の経緯と今後

ここで、憲法改正をめぐる議論の変遷を簡単に振り返ってみます。

改憲を主張しているグループは、戦後の歴史を通じて少しずつ実務的なアプローチを推し進めてきた経緯があります。一九五六年（昭和三一年）に憲法調査会法によって、内閣のもとに、憲法の検討と関係諸問題の調査審議のために憲法調査会がつくられました。その後、約七年間審議されました。これは、本格的な改憲改正への政治実務上の端緒といえるはずです。この憲法調査会は、国会議員と有識者で構成されていました。ところが、その後、安保闘争を経て、憲法改正は事実上長く棚上げされることになります。

次に、実務的なアプローチが動き始めるのは、随分ときが流れて、憲法施行五〇年の一九九七年のことでした。超党派の議員連盟がつくられ、二〇〇〇年に衆参両院に主に憲法に関する調査を目的とした憲法調査会ができました。ここで改めて憲法をめぐる議論が総合的に検討され、憲法改正に際して、手続きを定める法律が必要なことが確認されます。二〇〇七年、第一次安倍内閣のときに国民投票法が成立します（施行はその三年後の二〇一〇年）。

日本国憲法第九六条は以下のように記されています。

第九六条　この憲法の改正は、各議院の総議員の三分の二以上の賛成で、国会が、これを発議し、国民に提案してその承認を経なければならない。この承認には、特別の国民投票又は国会の定める選挙の際行はれる投票において、その過半数の賛成を必要とする。

2　憲法改正について前項の承認を経たときは、天皇は、国民の名で、この憲法と一体を成すものとして、直ちにこれを公布する。

大まかにいうと国会の発議、国民投票という二段階のプロセスがあることがわかります。しばしば両院で「三分の二」という改正の閾値の妥当性がいわれますが、もう一つ重要な点は、憲法改正の詳細な手続きがここには定められていなかったということです。実際に

（図1）

憲法改正原案の発議　衆議院議員100名以上の賛成　参議院議員50名以上の賛成

↓

両議院にて憲法改正原案　可決

先議の議院

原案の提出を受け、憲法審査会での審査・本会議における可決を経て、後議の議院へ送付します

↓

後議の議院

憲法審査会での審査を経て本会議にて可決

1. 憲法審査会での審査
   - ※ 憲法審査会とは、憲法改正原案等を審査する常設機関
   - ※ 両議院憲法審査会の合同審査も可能です
2. 本会議での可決
   - ※ 衆議院及び参議院本会議にて総議員の3分の2以上の賛成で可決

↓

憲法改正の発議

憲法改正原案について国会における最後の可決をもって、国会は憲法改正の発議をし、国民に提案したものとされる

※ 内容において関連する事項ごとに区分して発議されます

↓

国民投票期日の決定

憲法改正の発議後60日から180日以内　※ 具体的な期日は、国会にて議決されます

総務省、国民投票制度「憲法改正の発議までの流れ」より作成

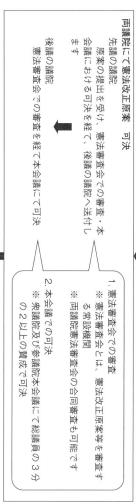

憲法改正を実現するためには、法律でそれらを定める必要がありますが、戦後長きにわたって、その法律は存在しない状態でした。いい方を変えると、事実上、憲法改正は実現できない状態が続いていたのです（これはあくまで想像に過ぎませんが、その環境は改憲派を奮い立たせる一方で、護憲派をスポイルしたかもしれません）。それが変わったのが、この国民投票法の成立でした。

現在の憲法改正の手続きは前頁図1のようになっています。

そして憲法調査会の後継にあたる憲法審査会が衆参両院に設置されます。「概ね五年程度」という時限付きだった憲法調査会に対して、憲法審査会は常設です。調査が目的だった憲法調査会に対して、憲法審査会では「日本国憲法及び日本国憲法に密接に関連する基本法制について広範かつ総合的に調査を行い、憲法改正原案、日本国憲法に係る改正の発議又は国民投票に関する法律案等を審査する」ことが目的とされています（「よくあるご質問」参議院憲法審査会 http://www.kenpoushinsa.sangiin.go.jp/faq/）。

戦後五〇年以上という相当に長い時間をかけて、改憲派は少しずつ想像を絶するほど気長に改憲のプロセスを前に進めてきたことがわかります。

それでは護憲派はどうでしょうか。護憲という主題上宿命的なところはありますが、実務的なアプローチはさほどありません。それどころか掲げ続けてきた「憲法の価値を守る」「戦争を繰り返さない」といったメッセージは若干食傷気味かもしれませんし、随分控えめに見えてしまいます。なにより否定形で語られるメッセージは、昭和からも、そして戦後からも時代が遠ざかっていくなかで、いつの間にか共感されにくくなっているのかもしれませんし、新しい世代は「否定ばかりしている」と捉えて、共感しなくなっていることも考えられます。

「七〇年間同じ憲法を使ってきたんだから、ちょっと変えてみてもいいいんじゃないか」。リベラルな言説では「お試し改憲」などと呼ばれ毛嫌いされていますが、わりと若い世代のビジネスパーソンや学生と話すと、これに近い感想を聞くことがあります。護憲派の人なら「不勉強だ」と怒りを覚えることと思いますが、そういってみたところでそのように認識する生活者がマジョリティを占めたら、その思いは伝わらないでしょう。憲法改正は最後国民投票にかけられますが、多くが投票に行かないならば、仮に大半の生活者があまり希望しないとしても改憲はかたちになってしまうことでしょう。

憲法改正を定めた国民投票法には、本書が論じてきたような「政治のわかりにくさ」が蔓延している社会においては、いくつかの困った課題があると筆者は考えています。

一般に憲法改正の是非を問う国民投票については、わりとシンプルなかたちの「候補者のいない選挙」のように認識されているのではないかと思います。ところが、それは間違いです。少々テクニカルな話になりますが、本書でも言及したように、一般の選挙は公職選挙法という法律で規定されています。そして先に述べたように、憲法改正の是非を問う国民投票は国民投票法という法律で規定されるのですが、投票を呼びかける選挙運動と、憲法改正の是非を問う国民投票運動（正確には「憲法改正案に対し賛成又は反対の投票をし又はしないよう勧誘する行為」のこと。以下、「投票運動」）はかなり違った作りになっているのです。

通常の選挙は公職選挙法によって規定されていてビラやポスターの数の制限やテレビやメールをつかったキャンペーンを制限するなど、事細かな制約が課されています。一方、国民投票法は規制が乏しい現状があります。

総務省のウェブサイトには次のように記されています（総務省「国民投票の仕組」http://www.soumu.go.jp/senkyo/kokumin_touhyou/syuchi.html）。

国民一人ひとりが萎縮することなく自由に国民投票運動を行い、自由闊達な意見を闘わせることが必要であるとの考えから、原則的に自由であり、規制はあくまでも投票が公正に行われるための必要

最小限なものとするとの考えに基づいて定められています。

そのため、一般的な選挙運動と、投票運動は大きく異なった内容になっています。投票運動期間、投票運動資金は定められておらず、テレビCMは投開票前の二週間を除き原則として可能で、選挙カーや拡声器の台数の制限も設けられていないのです。それどころか日本の選挙運動の中核でもある戸別訪問の禁止の規制もありません（次頁図2）。つまりもし憲法改正の是非を問う国民投票が国会で発議され次の段階に進んだ時に、われわれは通常の選挙運動とはかなり異なった性質のものに直面することが考えられるのです。

憲法改正の是非は、戦後七〇年間にわたる保守と革新の最も象徴的な主題の一つです。当然のことながら、どちらの側も可能な限りの資源を投入して、熾烈なキャンペーンを張るでしょう。

投票運動についての規制の乏しさは、アメリカの大統領選挙型の投票運動の可能性を予感させます。そしてわれわれは実はすでにこれに近い経験をしています。それは大阪都構想を巡る住民投票です。この住民投票は、国民投票法と制度のたてつけがよく似た大都市地域特別区設置法という法律にもとづいて実施されたのでした。これは二〇一二年八月に

（図2）

	国民投票運動（国民投票法）	選挙運動（公職選挙法）
支出金額	制限なし	候補者の人数と政令で規定
期間	制限なし	選挙によって異なるが、参院選17日。衆院選12日
文書図画の規定	制限なし	大きさ、枚数、証紙等の規制
テレビCM	投票日から2週間は国民投票広報協議会と政党等による規定のもののみ可能	原則として利用不可
ネット選挙	制限なし	電子メール等を除き利用可能
自動車、拡声器の利用（宣伝カー）	制限なし	台数等に制限あり

国民投票法と公職選挙法の特徴比較。筆者作成

当時の民主党政権のもとで成立した法律です。

大阪都構想をめぐる住民投票が行われたのは二〇一五年五月。筆者は当時関西の大学に勤務していましたが、当時の大阪では、大阪都構想賛成派と反対派に分かれ、一大キャンペーンが張られました。PR会社が賛成派のテレビCMを放送し、当時の維新の会の地方議員らが全国から応援にかけつけたり、大がかりな運動を繰り広げました。大阪都構想反対のグループも集会などを開催し、一躍、街に政治の気配が広がっていました。

もし国民投票法のもとで国民投票をやる暁には、このようなことが全国で繰り広げ

られることが容易に予想されます。

そして護憲派と改憲派が両陣営に分かれてあの手この手でキャンペーンを展開するでしょう。ちょっと想像してみるだけでも、「憲法を改正すべきだ」と主張する街宣車が走り回り、その一方で「憲法を壊すな」という書き込みがSNSなどで拡散される光景が目に浮かびます。テレビCMや、新聞の意見広告なども打たれることでしょう。

問題はそのとき、人々がどう受け止めるか、ということです。熾烈なやりとりを目の当たりにして、「ああ、面倒くさい」と嫌気がさしたり、憲法改正は是か非か、という問題自体への関心を失う人も少なくないのではないでしょうか。

近年の新聞社各社の世論調査によれば、有権者の憲法問題への関心度は、他の政策よりもあまり高くないことがわかっています。近年の傾向を見ると、「改憲したほうがよい」と「しないほうがよい」が拮抗し、九条改憲に関してはどちらかといえば否定的な論調が優勢なようです。

ところで昨今、憲法改正というとなにかと九条に焦点が当たりますが、もし筆者が本気で改憲したいと思ったら（そして継続的に改憲を続けたいとしたら）、前述の九六条は避けては通れません。九六条は、憲法改正のためには「各議院の総議員の三分の二以上の賛成で、国会が、これを発議し、国民に提案してその承認を経なければならない」としており、承認には、「特別の国民投票又は国会の定める選挙の際行はれる投票において、その過半数の賛成を必要」と記しています。以前から、繰り返し改正発議の要件を「三分の二」から「二分の一」にすべきという議論があります。戦後七〇年以上にわたって憲法改正が実現せずにいるのは、まさにこの条件のためですが、発議までの要求水準が高いこの九六条を改正したいというのは改憲の立場に立つなら当然でしょう。

実際、公明党への配慮や議論からして、また現状、一度改憲に失敗すると次いつ改憲にたどり着くことができるのかわからない以上、自民党は「見せ球」として「九条改憲」を主張し続けたとしても、ここから手を付けるのは難しいと思います。きっと賛否も分かれることでしょう。ちなみに公明党は、環境権やプライバシー権などを付け加えるという、いわゆる「加憲」を提唱してきました。公明党は支持母体で平和主義を掲げてきた創価学会との関係もあり、九条改憲に公明党はかなり消極的です。安倍首相が九条に自衛隊の存在を明記する一文を加えようとしているのも「加憲」の一種ですから、公明党に対する配慮のようにも見えます。

野党からは、投票率についての規定を入れるべきだという声が出ています。しかし、二〇一七年一〇月の衆議院選挙では自民党と公明党で議席が三分の二を超え、野党が何を言っても最後は押し切られてしまう事態になっています。押し切られて、何となく後追いで社会がそれを承認してしまう。それが今、懸念される問題ではないでしょうか。すでに本書で幾つかの事例を挙げてきたように、本質的な大きな変革をあまり意識することなくだらだらと状況を受け入れ、変わっていくのがわれわれの社会の特徴のようにも思えるのです。

「政治のわかりにくさ」という本書の主題が直近でもっとも顕在化しうるのが、この憲法改正の国民投票だと考えています。政治と社会の変化と、理解と批判的態度を醸成する社会的機会の不足、政治についての具体的知識と結びついた共通認識の欠落、そして政治の情報発信手法の高度化等の影響で、「憲法改正をめぐる政治のわかりにくさ」を引き起こすのではないかというのが筆者の懸念です。

繰り返しですが、たとえばこうです。もし九六条の改正が発議されたとして、「憲法改正に必要な三分の二を、二分の一にするって？　七〇年そのままだった憲法を少し変えやすくするだけなら、まあいいんじゃないか」、あるいは「よくわからないから棄権しよう」という人は出てはこないでしょうか。確かに事実認識も間違っていると思いますし、よくわからないから棄権というのもあまり褒められたものではないでしょう。しかし、もしこのような人がマジョリティになるなら、それでも憲法改正はかたちになっていきます。

筆者の認識では、われわれの社会はただでさえ本書で長々述べてきたように、政治や民主主義（そこには日本国憲法も含まれることでしょう）についての理解が進んでいない、「政治がわかりにくい」社会です。

さらに、もしもここで述べてきたようによくわからないまま、憲法改正が実現されるなら、ますます政治や民主主義についてのコンセンサスは失われ、さらに政治と憲法はわかりにくくなることでしょう。憲法改正によって改憲派と護憲派に生じるであろう深い亀裂は埋めることができるのでしょうか。長く社会全体を分断するような経験と直面していないわれわれの社会の場合、イエスともノーともいい難いものがあります。

「理」で政治を見る

どうすればよいのでしょうか。むろん、筆者にもよくわかりません。しかし、勘を頼りにすると間違う、とすでに述べました。一つの提案ですが、改めて「理《ことわり》」に注目してみるというのはどうでしょうか。理とは、「理性」のことです。

後藤田正晴氏の回顧録に『情と理』（講談社＋α文庫）というタイトルの本があります。その名が示すとおり、政治には感情的なもので動く側面と、理性的なもので動く側面があるといわれます。その配分具合が時代や各政党の主張によって変化するともいえるでしょうか。

実体験を信じ情動を重視し、直感を擁護するというのは、前者に重きを置く立場でしょう。その重要性もよくわかります。結局われわれは自分の見たいものを見がちですし、多くの場合、積極的に見たくないものや自身の主張と異なった議論を目にするという苦行には耐えられません。いろいろなインターネットのアプリケーションのアルゴリズムも過去の履歴から各人が好きそうなものをリコメンドしがちですから、さらにそちらに振れがちです。

しかし、日本で常に棚上げされてきたのは、政治を理解しようとする態度と知識、道具立て、それらを社会に供給するメカニズムではないでしょうか。本書はあくまでラフスケッチですが、そのことを強調してきました。

情を作動させる契機は、ただでさえ十分すぎるほど提供されています。政治家は、生活者が生活するのに忙しくて政治について考える暇などないことを理解した上で、われわれの情に訴える各種のアプローチを試みていることは本書で述べてきたとおりです。自民党が、安倍総裁のＬＩＮＥスタンプをつくって配っていますが、これなどは選挙カーの上で候補者が名前を連呼するあり方とほとんど同じです。政策を訴える、自民党に対する理解を広げたいということではなく、若者はおもしろければ何であれ使うのだから、とにかくアピールしようという思惑が見えます。「悪名は無名に勝る」と選挙の世界ではいいますが、悪名ではなくユーモアならなお望ましいでしょう。このアプローチにはわれわれの情に働きかけたいという思惑を見て取ることができますが、やはり理性の土壌を豊かにしようとしているとは言い難いものがあります。

なにも自民党だけの問題ではありません。立憲民主党が、若者受けしそうな、スタイリッシュな動画や語呂のいいスローガンをＳＮＳで配信するのも同様です。双方ともに認知の拡大に関心を持っていて、われわれの理性の土壌を豊かなものにしようという取り組みではありません。

「スイング・ボーター」と呼ばれる、状況によって右に行ったり左に行ったりする支持政党のない無党派の人たちが少なくない割合で存在します。とにかく彼らの支持と票を手にしたい各政党がこのような手法に力を入れているという側面もあるでしょう。むろん政治家は自分の主張をわかりやすく伝え、動員して支持を広げるのが仕事の一つです。ですが、「わかりやすい」だけでは十分ではありません。

　マックス・ウェーバーは『職業としての政治』のなかで、政治家を「政治のために生きる政治家」と「政治によって生きる政治家」に区別します。前者は、自己利益を度外視して、公共に資する信念を持つ政治家のこと。後者は、いわゆる政治をなりわいとして生きている「政治屋」です。日本でも後者ばかりが目につきます。そんな状況にあるからこそ、「理性の政治／政治の理性」をもっと重視すべきだと思うのです。

　当然ながら、第1章のリベラルに関する項目で述べたように理性ですべてを判断することなどできません。そのような物言いは傲慢不遜でしょう。人間の認知には限界がありますし、最適解がわかっているゲームでもありません。それどころか最適状態とはなにか、ということさえ定義困難ですから、理性の発露は人それぞれで、直ちに定量的に評価することも難しいでしょう。「それでもなお」というのが本書の主張です。

あとがき

全く政治は貧困である。だが、貧困にならざるを得ないような宿命的なものがあるのであって、敗戦という事実があるのに、よき政治の行われる訳はない。現に日本にはデモクラシーというものはなかった。それが戦後になって与えられた。我々自身の努力によって手に入れたデモクラシーではない。

（中略）

併し私は決して失望していない。人間というものは進歩するのであって、将来は今よりも立派な人間が出て来ることを私は信ずる。昔の人間はよかった、今の人間は駄目だ、などとは絶対に言えない。

（中略）

これ（引用者注：日本の民主主義と民主主義をめぐる状況）を思う通りにしたいと思っても、直ぐに効き目のある薬などはない。気長に民衆にデモクラシーの本当の意味を体得させるように教育するより他はない。学校の教育、又、社会的の教育によって、その目的を達するように、政治家も民間の識者も努力しなければならない。

然るに残念ながら政府の方は、そうした意欲を失わせるようなことばかりしている。それは目先に重大な事件が後から後から起って、それに翻弄されるからでもあるが、日本の現状では何事でも壁にぶつかってしまう。この壁を突き破る為には、国民的な一つのムーヴメントが興らなければならない。

(『大磯随想・世界と日本』吉田茂、二〇一五年、中公文庫、一〇—一二頁より引用)


昭和の宰相にして、GHQとの交渉にあたり、日米安保条約と日本国憲法を通じて、天皇の戦争責任追求を回避し天皇制の堅持、安全保障コストの低減と経済への集中投資を認めさせ、経済重視、平和主義、国際協調路線という戦後日本政治、いや日本社会の基礎を築いた保守本流吉田茂の言葉である。

吉田が『大磯随想』を著して世に問うたのは一九六二年のことだから、六〇年近くも前のことである。それから随分の時間が流れた。現代の日本社会は果たして吉田が展望したような民主主義の状況にあるだろうか。本書を通じて論じてきたように、筆者はとくに民主主義を支える仕組みという点を中心に否と考えている。少なくとも吉田は民主主義を普及させる回路と機構の必要性を直観していたが、われわれはそのことをすっかり失念してしまっているかのようだ。

政治と社会の状況は大きく変化した。そして政治と社会を論じる言葉と概念、方法が変化したのみならず、伝えるメディアの状況も激変した。その一方で、日本のジャーナリズムや政治教育はほとんど変化しなかった。前時代の諸条件を前提に培われてきたそれらの有効性はここに来て相当妥当性を失い、「政治のわかりにくさ」に結びついているのではないか、というのが本書の見立てであった。

吉田が展望した理想像の是非はさておくとしても、当時も今も、われわれの社会と政治、そして民主主義の固有性についての共通認識を持たないままであり続けているように思えてならない。そうでありながら、最近は、戦後日本社会が築きあげ国際的にも評価されてきた価値を精査しないまま「戦後日本の欺瞞」などと呼びながらみすみす手放そうとしている。

われわれの社会が達成してきたものはおそらく、稀有で、総体として十分以上に望まし・・・いものであった。年率一〇%前後の経済成長を日本社会は現在の中国より遥かに長い期間にわたって享受し、「豊かな社会」を実現したかに見えた。だがその実、経済成長に、環境、地域社会、文化、共同体、家族といった多くの資源を振り向けてきたし、同時に何を毀損しているかということにも目を瞑り続けてきた。

経済復興後も、ひたすら消費を邁進する道を歩んできた。盛者必衰、一九九〇年代初頭にバブル経済が終わりを迎え、いよいよ社会と政治の実態が変わってしまってから、ようやくそのことに気づき始め、現在に至るまで性急な現状変更リクエストが矢継ぎ早に政治と経済部門を中心に発せられ続けている。不正と失敗が続く日本企業の「企業感覚」は、果たして傾聴に値する「成功への道」なのだろうかという懐疑すら、ままならないままに。

混乱し、参照点がわからないなかでわれわれにできることは、さしあたり立ち止まってみることであろう。雑音に踊らされず、一度立ち止まって来し方行く末を慎重に吟味することだ。

いろいろな場所で、われわれは何を成し遂げてきたのか、そしてどのような問題に直面し、その課題を超克するためにどのような新しいアプローチが必要なのかを特定することが求められている。その新しい方法は既存の価値や方法と適合的かどうか、それらを毀損しないか、あるいは期待される利益が懸念される課題を上回るという合意に至ることができるのかが、本来は問われている。こうした一連の振り返りを絶えず促す仕組みを社会に埋め込む必要もあるだろうが、大抵は根性論と声高で性急な改革論に埋没してしまっている。

ここまでの本書のラフスケッチは、この数年間に考えていたアイディアを煮詰めたという側面が強い。制度やメディアについてのより具体的で詳細な分析、検討、提案はこの先の宿題である。そのうちの一部は本書とそれほど間をあけないかたちで公表されるはずでもある。

本書は三日間にわたって語り下ろした原稿を跡形もないほどに書き直して作られた。筆者にとって初めての語り下ろしで作った書籍である。その意味では新しい仕事である。「政治のわかりにくさ」を指摘する、それほどわかりやすいとはいえない一冊として結実した気がするが、少なくとも政治、メディア、教育、そして社会を横断するわれわれの社会の大きな、そして長年の課題の存在を予感させる一冊にはなったのではないか。そんな気がしている。

本書は春秋社の篠田里香氏をはじめ各氏の粘り強い努力によってかたちになった。かなり厳しいスケジュールで作られたが、春秋社の諸氏は古きよき出版社のスタイルで寛容に筆者をバックアップしてくれた。また本書はＪＳＰＳ科研費若手研究（Ｂ）「情報社会において競合する政治とジャーナリズムの学際的研究」（16Ｋ１６１６８：研究代表者西田亮介）

の成果の一部でもある。妻とこの一〇月に生まれた息子を含む子どもたちは本書執筆のモチベーションでもあった。彼ら彼女らの存在は、元来、乏しかった社会や公共に対する筆者の関心を惹起し続けている。いずれも記して感謝したい。残る少なくない課題はすべて筆者に起因するものである。次回以後の仕事でひとつひとつ考えていくことにしたい。

二〇一七年一二月　深夜の東京工業大学大岡山キャンパスの研究室にて

著者紹介

西田亮介（にしだ・りょうすけ）
1983年生まれ。社会学者。東京工業大学リベラルアーツ研究教育院准教授。博士（政策・メディア）。専門は公共政策の社会学。情報と政治、情報化社会のジャーナリズム、無業社会等を研究。慶應義塾大学総合政策学部卒業。同大学院政策・メディア研究科修士課程修了。同後期博士課程単位取得退学。（独）中小企業基盤整備機構経営支援情報センターリサーチャー、立命館大学大学院特別招聘准教授などを経て、現職。著書に『不寛容の本質』（経済界新書）、『メディアと自民党』（角川新書、社会情報学会2016年優秀文献賞受賞）、『マーケティング化する民主主義』（イースト新書）、『ネット選挙とデジタル・デモクラシー』（ＮＨＫ出版）、『ネット選挙』（東洋経済新報社）ほか。編著書に『「統治」を創造する』（塚本健司氏との編著、春秋社）、編書に『民主主義〈一九四八―五三〉中学・高校社会科教科書エッセンス復刻版』（幻冬舎新書）、共著書に『無業社会』（工藤啓氏との共著、朝日新書）などがある。

なぜ政治はわかりにくいのか——社会と民主主義をとらえなおす

2018年1月20日　初版第1刷発行

著者©＝西田亮介
発行者＝澤畑吉和
発行所＝株式会社　春秋社
〒101-0021　東京都千代田区外神田2-18-6
電話（03）3255-9611（営業）・（03）3255-9614（編集）
振替　00180-6-24861
http://www.shunjusha.co.jp/
印刷・製本＝萩原印刷　株式会社
装　丁＝岩瀬　聡

ISBN 978-4-393-33358-7　C0036
定価はカバー等に表示してあります

西田亮介・塚越健司 編著／谷本晴樹・淵田仁・吉野裕介・藤沢烈・生貝直人・イケダハヤト・円堂都司昭 著

「統治《ガバナンス》」を創造する

新しい公共／オープンガバメント／リーク社会

震災&ウィキリークス以降の社会変化を読み解き、高度情報化社会において、どのように個人が「政治・社会・ビジネス」に関わっていけるかを提案する、未来が見える入門書。　1800円

渡辺裕

感性文化論

〈終わり〉と〈はじまり〉の戦後昭和史

「戦後」の大転換点と言われる〝1968年〟。政治や社会のダイナミズムと同期するかのように転換期を迎えた感性文化の有り様に着目、戦後の日本文化の背後で起きた感性の変容を解明。　2600円

蔵 研也

18歳から考える経済と社会の見方

いま私たちの暮らしはどんな局面にあるのか。古今東西の経済史を俯瞰しつつ、AIやアベノミクス、仮想通貨等、現在進行形の社会現象に通暁する術を伝授する絶好の経済学入門。　1800円

松岡正剛

擬 MODOKI

「世」あるいは別様の可能性

超ジャンル的思索を基に現代の捉えがたい「世界」と「世間」を巡り縦横無尽に論を展開、来たるべき「世」を見据える。蕪村からミトコンドリア、アーリア主義、ヒッグス粒子まで！　1900円

パオロ・マッツァリーノ

会社苦いかしょっぱいか

社長と社員の日本文化史

「昔の人は立派だった」史観に異議あり。戦前・戦後の文献を繙けば、イイカゲン社長とズッコケ社員が勢揃い。歴史に名を残さなかった人々の群像劇から日本を見つめる異色の文化史。　1700円

▼価格は税別。